TRT超前地质预报技术与应用研究

主编 王建林 副主编 米 健 楚建伟

中国水利水电出版社
www.waterpub.com.cn
·北京·

内 容 提 要

本书在丰富的 TRT 超前地质预报实践的基础上，总结了 TRT 超前地质预报三维成像的基本特征，并提出了优化探索。

本书共 8 章，包括概述，TRT6000 超前地质预报原理及操作流程，TRT6000 在隧洞工程地下水、空腔、断层破碎带和围岩分类等地质体超前预报中的应用，TRT6000 超前地质预报的优化探索等内容，具有一定的学术和应用价值。

本书主要供从事隧洞工程建设管理、勘察、设计和施工的技术人员阅读，也可作为隧洞超前地质预报人员的培训教材和大专院校相关专业的师生学习参考。

图书在版编目（C I P）数据

TRT超前地质预报技术与应用研究 / 王建林主编. --
北京：中国水利水电出版社，2016.12（2018.7重印）
ISBN 978-7-5170-4953-1

Ⅰ．①T… Ⅱ．①王… Ⅲ．①隧道工程－工程地质－
预报 Ⅳ．①U452.1

中国版本图书馆CIP数据核字(2016)第305323号

书　　名	**TRT 超前地质预报技术与应用研究** TRT CHAOQIAN DIZHI YUBAO JISHU YU YINGYONG YANJIU
作　　者 出版发行	主编 王建林　副主编 米　健　楚建伟 中国水利水电出版社 （北京市海淀区玉渊潭南路 1 号 D 座　100038） 网址：www. waterpub. com. cn E - mail：sales@ waterpub. com. cn 电话：（010）68367658（营销中心）
经　　售	北京科水图书销售中心（零售） 电话：（010）88383994、63202643、68545874 全国各地新华书店和相关出版物销售网点
排　　版	中国水利水电出版社微机排版中心
印　　刷	北京市密东印刷有限公司
规　　格	170mm×240mm　16 开本　7.75 印张　108 千字
版　　次	2016 年 12 月第 1 版　2018 年 7 月第 2 次印刷
印　　数	1001—2000 册
定　　价	**48.00 元**

序

　　近年来，随着国家对基础设施的大量投入，水利工程、公路工程和铁路工程都在突飞猛进地发展。在这些基础设施的建设过程中涌现了大量的隧洞工程，并且隧洞工程的地质条件也越来越复杂，特别是一些深埋长隧洞，尽管施工前进行了大量的地质勘察工作，但由于前期地质勘察工作受到勘察技术手段和方法以及勘察经费的限制，期望在施工前完全查明工程岩体的状态和特性，准确地预测隧洞施工中可能发生地质灾害的位置、性质和规模是十分困难的。因此，伴随隧洞施工的逐步开展，涌水、突泥、坍塌、疏干地下（表）水影响环境等事故频繁发生也就在所难免，如宜昌—万州铁路马鹿箐隧道在施工过程中发生"1·21"涌水事故，最大涌水量达 30 万 m³/h，此次事故造成 11 人死亡，事故处理长达 1 年多的时间；2002 年株六复线大竹林隧道发生大规模地下水突涌灾害，突涌总量达 16000m³/d，造成隧道施工停工 132 天之久，直接经济损失 455 万元等，不胜枚举。所以，如果能在施工过程中采取有效的方法，对隧道前方的不良地质体进行准确的超前预报，并针对前方存在的不良地质体进行工程地质评价，提出相应的处理和防范措施，避免地质灾害的发生，保证人员和环境安全，减少经济损失，就显得十分必要。

　　云南省水利水电勘测设计研究院（以下简称云南水院）于 2009 年引进 TRT6000 超前地质预报系统，是我国水利部门以及云南省首家引进该项先进技术的使用单位。迄今为止，云南水院应用 TRT6000 超前地质预报系统，累计在牛栏江—滇池补水工程的输水隧洞以及相关工程进行超前地质预报 350 次，累计预报里程 51.1km，其中超前探测地下水的预报准确率平均为 70%，超前探测空腔的预报准确率为 66.7%，超前探测断层破碎带的预报准确率为 100%，取得了很好的应用效果，填补了我国水利部门以及云南省在应用 TRT 技术进行隧洞超前地质预报方面的空白。由于 TRT6000 面世时间短，应用其进行隧洞超前地质预报尚处于初级阶段，目前国内应用 TRT6000 进行隧洞超前地质预报多以厂家提供的《应用手册》为基础进行，具有较大的应用前景和超前预报技术水平提升空间，因此，云南水院利用已开展的生产试验取得的大量数据开展 TRT6000 在隧洞施工中地质超前预报应用研究十分必要，也是可行的。

云南地质条件十分复杂，在云南进行隧洞围岩地质条件超前预报研究有着非常充分的试验条件，并且研究的地质问题可涵盖全国各地区隧洞围岩所出现的绝大部分问题，具有广泛的代表性，也有着较为重要的实际意义。云南水院结合所进行的生产实践，专门成立了 TRT6000 应用研究课题组，对 TRT6000 超前地质预报系统在云南地区的应用进行了有益的尝试和探索，特别对破碎带、地下水体、岩溶进行了全面的应用研究，从理论上和实践上都取得了丰硕的成果。为消化和吸收 TRT6000 先进技术，以及指导生产都有着积极的意义。希望课题组继续探索、研究，使这一先进技术的应用能更好地服务于社会。

云南省水利水电勘测设计研究院院长

2016 年 8 月 18 日

前　言

　　随着我国建设事业的发展和不断深入，出现了越来越多的隧洞工程，并且隧洞工程的地质条件也越来越复杂，特别是一些深埋长隧洞，尽管在施工前进行了大量的地质勘察工作，但由于前期地质勘察工作受到勘察技术手段和方法以及勘察经费的限制，期望在施工前完全查明隧洞围岩的状态和特性，准确地预测隧洞施工中可能发生地质灾害的位置、性质和规模是十分困难的。随着隧洞施工的逐步深入，其安全隐患会逐渐暴露出来，这时需要在隧洞施工过程中采取有效的方法，对隧洞前方的不良地质体进行准确的超前预报，并针对前方存在的不良地质体进行工程地质评价，提出相应的处理和防范措施，避免地质灾害的发生。因此，超前地质预报已被列为隧洞施工必不可少的技术环节。

　　隧道反射层析扫描成像技术（Tunnel Reflection Tomography），简称 TRT。20 世纪 60 年代，在美国先进技术发展计划基金支持下，美国国家安全局网罗了众多资深地球物理学家应用地震波勘测技术来研究地层应力释放现象及地层结构扫描成像，在此过程中形成了 TRT 技术。TRT 技术的基本原理是利用了地震波在岩土体传播过程中，遇到具有不同震动特性的岩土区带间的界面时，部分地震波能量将产生反射的特性，绝大多数地质结构异常及岩性变化，在地震信号可及的距离范围内，均可形成可探测的地震反射。在为美国国家安全局管辖单位及海外客户服务的过程中，TRT 技术飞速发展，在震源上先后采用炸药爆炸、风镐或挖掘机、电磁波发生器、锤击等作为震源，使勘测成本越来越低，操作越来越方便；在软件上，成功实现了由 2D 成像到 3D 成像的跨越，使得勘测结果显示更为准确、全面、直观。为了更好地推广这一业界独有的先进技术，美国 C‐ThruGround 工程有限公司从美国国家安全局继承了相关资产，进行独立的商业运作，推出了 TRT6000 超前地质预报系统。

TRT6000 超前地质预报系统采用地震层析成像及全息岩土成像技术，该技术是常用的利用信号波形变化来估计介质性质变化的位置和范围的反演技术，其基本原理是基于地震能量在不同种类介质中以不同的衰减率和速度传播。通常，与破碎或裂隙发育的岩土体或空洞条件相比，地震波在完整坚硬的介质中传播时，具有更高的传播速度和更低的衰减。

云南地处特提斯—喜马拉雅构造域与滨太平洋域的交接部位。岩浆活动强烈，变质作用广泛，地质构造复杂。云南的西北部与青藏高原连接，地壳的后期演化受着喜马拉雅和青藏高原的强烈影响，自晚第三纪以来，云南一直保持着很强的活动性，并且是我国现今强烈地震活动区之一。复杂的地质条件为云南省的隧洞工程建设带来了极大的困难，同时也为云南的隧洞施工中超前地质预报应用和研究提供了肥沃的土壤。

早在 2010 年 10 月，云南省水利水电勘测设计研究院向主管部门提出申请，把"TRT6000 在隧洞施工中地质超前预报应用研究"作为云南省重大水利科技项目，获主管部门批准后，于 2010 年 11 月成立了课题组。在历时五年多的时间里，课题组调研了许多国内相似工程，查阅了大量国内外相关资料和文献，咨询了许多国内外知名专家和学者，并且在牛栏江—滇池补水工程的输水隧洞以及相关工程进行超前地质预报 350 次，累计预报里程 51.1km，获得了宝贵的隧洞超前地质预报素材，取得了丰富的工程实践经验，为课题研究打下了扎实的基础。

本书共 8 章。第 1 章介绍了地质超前预报的现状，阐述了项目研究意义、研究内容以及研究思路；第 2 章介绍了 TRT6000 超前地质预报基本原理以及操作流程；第 3～6 章针对地下水、空腔、断层破碎带以及围岩分类等隧洞工程中常见的工程地质问题进行研究，从基本地质特征、地震波特征等方面入手，通过图像对比，总结出不同地质体的图像特征；第 7 章以工程实践为基础，提出 TRT6000 超前地质预报的优化探索；第 8 章介绍本书研究的主要结论，并对 TRT6000 在隧洞施工中超前地质预报应用中存在的主要问题进行阐述，以期在今后的工程实践中加以研究和解决。

研究工作及本书的撰写得到了水利部水利水电规划设计总院、石家庄铁道大学、美国 C-Thru Ground 工程有限公司、中国铁道科学研究院、山东广信工程试验检测集团有限公司的大力支持，研究过程中得到了牛栏江—滇池补水工程协调领导小组办公室、云南建工集团有限公司、中铁五局集团有限公司、中铁十四局集团有限公司、中铁十六局集团有限公司、福建水利水电工程建设有限公司、中国水利水电第五工程局有限公司、中国水利水电第十四工程局有限公司的大力帮助，在此致以诚挚的谢意。

由于编者的学识和水平有限，书中难免存在疏漏和不妥之处，恳请读者和专家指正。

编　者

2016 年 8 月

目　录

第 1 章 概　　述

1.1　研　究　意　义

在隧洞的开挖施工过程中，由于前方地质情况不明，经常会因遇到断层、破碎带、暗河和溶洞等不良地质体而导致塌方、地下泥石流、涌水、流砂和冒顶等地质灾害发生。这些地质灾害的发生，往往会造成人员伤亡和设备损坏，并严重影响工程施工进度，给国家和人民带来严重的损失。

随着我国建设事业的发展和不断深入，出现了越来越多的隧洞工程，并且隧洞工程的地质条件也越来越复杂，特别是一些深埋长隧洞，尽管在施工前进行了大量的地质勘察工作，但由于前期地质勘察工作受到勘察技术手段和方法以及勘察经费的限制，期望在隧洞施工前完全查明隧洞围岩的状态和特性，准确地预测隧洞施工中可能发生地质灾害的位置、性质和规模是十分困难的。随着隧洞施工的逐步深入，其安全隐患会逐渐暴露出来，这时需要在施工过程中采取有效的方法，对隧洞前方的不良地质体进行准确的超前预报，并针对前方存在的不良地质体进行工程地质评价，提出相应的处理、防范措施，避免地质灾害的发生。因此，超前地质预报已被列为隧洞施工必不可少的技术环节。

在国内外已进行施工或已建成的隧洞工程中，对掌子面前方待开挖的隧洞围岩、地质构造和地下水等进行较准确的预报，特别是对不良地质体（如地下水、破碎带、软岩等）的准确预报，指导隧洞开挖过程中进行有效支护，对有效防止工程事故的发生，保证工程进度，减少工程投资具有重要的意义。如宜昌—万州铁路马鹿箐隧道在施工过程中发生"1·21"涌水事故，最大涌水量达 30 万 m^3/h，此次事故造成 11 人死亡，事故处理长达 1 年多的时间，为施工人员的生命安全和工程的施工进展带来了极大的损失；2002 年株六铁路复线大竹林隧道发生大规模地下水突涌灾害，突涌水总量达 $16000m^3/d$，造成隧道施工停工 132d 之久，直接经济损失 455 万元；渝怀线关键性控制工程圆梁山深埋特长隧道发生了大规模地下水突涌灾害，泥石流状物质瞬间充满了整个超前导坑，坑道内用于出渣的钢轨发生严重扭曲，造成隧道停工 33d，直接经济损失 201 万元；云南昆明牛栏江—滇池补水工程输水隧洞大五山隧洞 6 号斜支洞，开挖过程中，发生涌水量约 $2000m^3/d$ 的大涌水，已开挖洞段被水淹没 100 多米，人员遇险，工期延误，并导致地表泉水疏干，严重影响了当地居民的生产、生活；牛栏江—滇池补水工程的输水隧洞大五山隧洞 8 号斜支洞发生涌水和大面积坍塌，已开挖洞段被淹埋 100 多米，开挖机具被埋，人员遇险，花费大量的资金进行处理，工期延误达半年；牛栏江—滇池补水工程输水隧洞金奎地隧洞 6 号支洞由于采信了超前地质预报对隧洞 K0＋150～K0＋170 段预报的"涌水量大，围岩稳定性极差"的结果，施工过程中采取了超前排水措施，并进行了超前管棚支护，安全穿过了该破碎带洞段；牛栏江—滇池补水工程干河泵站引水隧洞开挖过程中，同样采纳了超前地质预报结果，提前做好了人员、设施安全撤离方案，并做好强排水措施，虽然隧洞开挖至 K2＋470 时，揭露了涌水量达 $1.4m^3/s$ 的地下暗河，但对人员和设施安全未造成影响。类似的工程实例不胜枚举，可见采用和不采用超前地质预报，并积极做出相应的工程措施处理，在隧洞施工过程中带来的人员、机具、环境安全和工期的保证、资金的投入效果是大不相同的，超前地质预报的社会效益、经济效益和安全保障是显而易见的。

隧道反射层析扫描成像技术（Tunnel Reflection Tomography），简称 TRT。20 世纪 60 年代，在美国先进技术发展计划基金支持下，美国国家安全局网罗了众多资深地球物理学家应用地震波勘测技术来研究地层应力释放现象及地层结构扫描成像，在此过程中形成了 TRT 技术。TRT 技术的基本原理是利用了地震波在岩土体传播过程中，遇到具有不同震动特性的岩土区带间的界面时，部分地震波能量将产生反射的特性，绝大多数地质结构异常及岩性变化，在地震信号可及的距离范围内，均可形成可探测的地震反射。在为美国国家安全局管辖单位及海外客户服务的过程中，TRT 技术飞速发展，在震源上先后采用炸药爆炸、风镐或挖掘机、电磁波发生器、锤击等作为震源，使勘测成本越来越低，操作越来越方便；在软件上，成功实现了由 2D 成像到 3D 成像的跨越，使得勘测结果显示更为准确、全面，直观。为了更好地推广这一业界独有的先进技术，美国 C - ThruGround 工程有限公司从美国国家安全局继承了相关资产，进行独立的商业运作，推出了 TRT6000 超前地质预报系统。

TRT6000 超前地质预报系统采用地震层析成像及全息岩土成像技术，该技术是常用的利用信号波形变化来估计介质性质变化的位置和范围的反演技术，其基本原理是基于地震能量在不同种类介质中以不同的衰减率和速度传播，通常，与破碎或裂隙发育的岩土体或空洞条件相比，地震波在完整坚硬的介质中传播时，具有更高的传播速度和更低的衰减。

虽然 TRT 技术也是基于地震波反射原理，但在观测方式和资料处理方法上与其他常规的反射地震法有很大不同，它采用的是空间多点阵列接收和激发。检波器和激发的炮点呈空间分布，以充分获得空间波场信息，提高波速分析和不良地质体的定位精度。在这方面较其他常规的地震反射法有明显的改进。TRT 资料处理的主要的技术环节是速度扫描和偏移成像，不需要读走时。这种方法对岩体中反射界面位置的确定、岩体波速和工程类别的划分等都有较高的精度。TRT 技术勘测成本低廉，操作简单，结果准确、全面、直观，代表了隧道超前地质预报领域最新领先的技术，是隧道超前地质预报技术发展的方向。

TRT6000 超前地质预报系统具有以下优点：①使用锤击作为

震源，安全性高，不需要炸药，在煤层、含瓦斯地层中也可以进行测试；②使用锤击作为震源，可在同一点作多次锤击，通过信号叠加，使异常体反射信号更加明显；③用锤击作为震源克服了爆炸产生的高能量对周围岩体产生挤压、破坏现象，从而保证能接收到真实的地震波信号；④采用空间多点激发和接收观测方式，其检波器和激发的炮点呈空间阵列分布，能够获得足够的空间波场信息，从而使前方地质缺陷的定位精度大大提高；⑤数据处理关键技术是速度扫描和偏移成像，对岩体中反射界面位置的确定、岩体波速和工程类别的划分都有较高的精度，具有较大的探测距离，并且可以获得 3D 成果图像；⑥能描绘到隧道水平和垂直方向的所有地质信息；⑦成本低廉，预报快速，准确率高。

由于 TRT6000 具有其他物探方法难以企及的优越性，在欧美国家获得了广阔的市场，在国内也得到广泛的应用，但由于 TRT6000 面世时间短，应用其进行隧洞超前地质预报尚处于探索阶段，具有较大的应用前景和超前地质预报技术水平提升空间，因此，开展 TRT6000 在隧洞施工中地质超前预报应用研究十分必要。

云南水院于 2009 年引进 TRT6000 超前地质预报系统，是我国水利部门以及云南省首家引进该项先进技术的使用单位。迄今为止，云南水院应用 TRT6000 超前地质预报系统，累计在牛栏江—滇池补水工程的输水隧洞以及相关工程进行超前地质预报 350 次，累计预报里程 51.1km，取得了很好的应用效果，填补了我国水利部门以及云南省在应用 TRT 技术进行隧洞超前地质预报方面的空白。与此同时，云南水院结合云南地区地质构造复杂的具体情况，对 TRT6000 超前地质预报系统在云南地区的应用进行了尝试和探索，以期将该项先进技术进行消化和吸收，并转化为先进生产力。

1.2　现　状　调　查

隧洞建设过程中对隧洞工程地质条件的认知和掌握程度是确保

隧洞快速、安全修建的决定性因素之一。尽管施工前进行了大量的地质勘察工作，但由于当前勘察技术手段和方法的限制，加上地质条件的复杂多变，期望在隧洞施工前完全查明隧洞围岩的状态和特性，准确地预测隧洞施工中可能发生地质灾害的位置、性质和规模是十分困难的。因此，世界各国隧洞工程界都十分重视超前地质预报工作。

隧洞开挖中引发地质灾害的因素是多种多样的（如地下水、有毒或有害气体、高地温、高地应力等），而由于人们对隧洞地质特性认识不足、施工方法不当也可引起地质灾害（如塌方冒顶等）。人们对岩土物理、力学、化学性质的了解和岩体本身结构状态的认识，需通过多种勘探试验手段，才能获得定性和定量分析的依据。

超前地质预报主要是加强隧洞施工期间的地质工作，是在隧洞开挖之前，除根据开挖时揭露出来的实际地质情况，校正、补充地勘时未能查到的地质资料外，还要根据这些成果资料，分析推断掌子面前方的地质情况，是否存在前期勘察时没有查到的不良地质体，以便预先采取措施。尽管隧洞施工超前地质预报已引起国内外隧洞工程界的重视，也做了许多卓有成效的研究工作，但到目前为止还没有一套系统的普遍适用的方法，国内外隧洞工程的重大地质灾害仍时有发生。因此，准确预报隧洞前方的地质条件是隧洞建设者们的迫切要求，20 世纪 80 年代以来世界各国都把这类问题列为重点研究课题。但是隧洞施工超前地质预报又是一项复杂而艰难的任务，尚需在工程实践中不断创新、优化、总结、完善和提高，要真正搞好隧洞施工超前地质预报任重道远。

目前常见的超前地质预报方法主要有直接预报法、地质分析法、物探法以及地质物探综合分析法等。直接预报法主要有水平钻孔、超前导坑；地质分析法主要有断层参数预测法、地质体投射法、正洞地质编录与预报等；物探法主要有 TSP 超前预报技术、地震负视速度法、TST 超前预报技术、水平声波剖面法（HSP）、TRT 超前地质预报技术、陆地声纳法、面波法、地质雷达技术、红外探水法、BEAM 法等；地质物探综合分析法是以地质工程师为主、物探及相关工程技术人员共同完成超前预报工作，地质和物探有机的结合。

当前国内水工隧洞受施工环境、施工场地以及施工设备的限制，水工隧洞内难以采用爆破震源进行超前地质预报，且水工隧洞通常断面尺寸较小，采用人工爆破震源需占用掌子面，影响工程施工进度；目前国内外常用的超前地质预报设备大多存在探测距离短、预报精度不够的缺陷，且没有三维成像技术。TRT技术采用锤击震源、探测距离远、预报精度高，而且具有三维成像技术，弥补了上述超前预报技术的不足。

美国C-ThruGround工程有限公司于2006年推出TRT6000超前地质预报系统，TRT6000的面世极大地推进了隧洞超前地质预报技术。但由于TRT6000面世时间短，应用其进行隧洞超前地质预报尚处于探索阶段，目前国内应用TRT6000进行隧洞超前地质预报多以生产厂家提供的《应用手册》为基础进行，应用TRT6000进行隧洞超前地质预报并没有取得突破性的进展。

1.3 研 究 内 容

本书共完成了以下几项研究内容：

（1）调研分析了国内外隧道超前地质预报的应用现状，结合现有的超前地质预报技术特点，对TRT技术的应用进行消化和吸收。

（2）依托牛栏江—滇池补水工程的输水隧洞以及相关工程，在云南地区进行超前地质预报350次，累计预报里程51.1km。

（3）结合云南地区工程地质、水文地质的特点，总结了云南地区隧洞施工中常见不良地质体（地下水、空腔以及断层破碎带等）的图像特征。

（4）对TRT6000超前地质预报系统的应用进行了优化探索。

（5）提出了TRT6000超前地质预报系统目前存在的不足，并通过分析研究，找出不足的原因。

1.4 研 究 思 路

隧洞工程施工中常见的不良地质体主要有地下水、断裂带、空腔等，同时需要在隧洞施工时对隧洞前方的围岩分类进行较准确的预报，以期在各种不良地质体暴露之前提前做好应对措施。因此，针对本书的特点提出本书的研究流程图如图 1.4.1 所示。

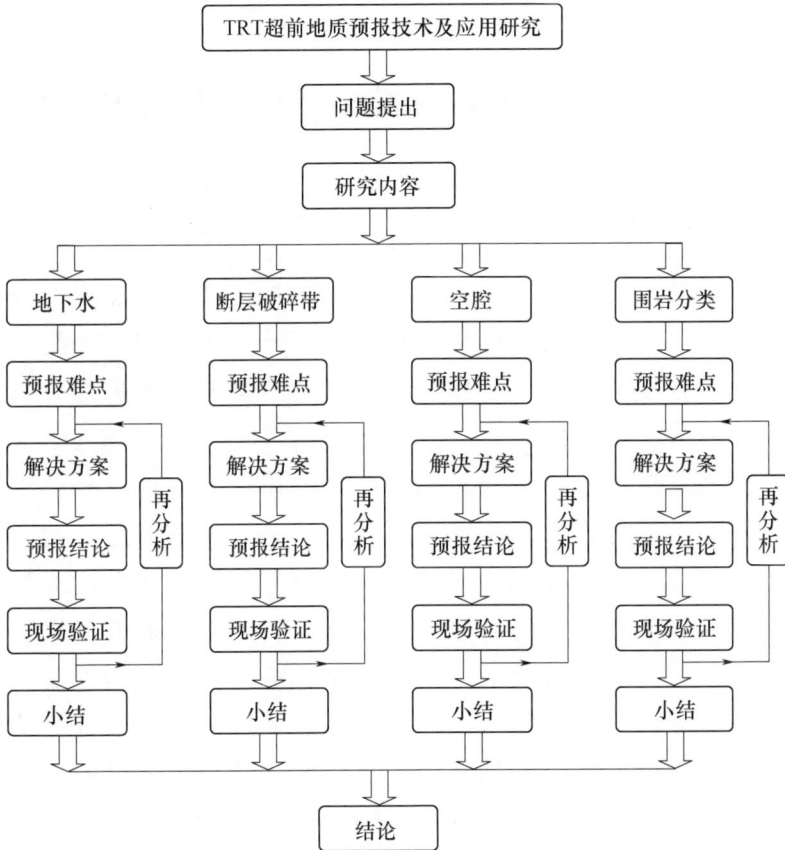

图 1.4.1 研究流程图

第 2 章　TRT6000 超前地质预报原理及操作流程

2.1　TRT6000 超前地质预报的理论基础

2.1.1　地震波及其分类

震源及其附近，震动一开始都表现为冲击式的，然后形成规则的波，向四周传播出去，这种波称为地震波。地震波是一种在岩层中传播的弹性波。岩石中各质点有规则地震动并依次传导，然后各自回到原来静止的位置。

按照波在传播过程中质点震动的方向来区分，可以分为纵波和横波。在震源造成岩石的膨胀和压缩，这种形成质点振动的方向与波传播的方向一致，即产生纵波。由于震源作用不具有球对称性以及实际的岩土不是均匀的介质，因此会产生与波传播方向垂直的振动，即产生横波。在目前的地质勘探工作中，主要利用纵波。

按照波动所能传播的空间范围来区分，地震波可以分为体波和面波。纵波和横波在介质的整个立体空间中传播，所以把它们合称为体波。由于在地下存在着许多不同岩性的分界面，除了纵波和横波外，还会产生与地面或者岩层分界面有关的特殊波，这种类型的波只有在地面或者不同介质的分界面才能观测到，且其强度随着离开界面的距离加大而迅速衰减，这种波称为面波。

按照波在传播过程中传播路径的特点来区分，可以分为直达波、反射波、透射波和折射波等，如图 2.1.1 所示。

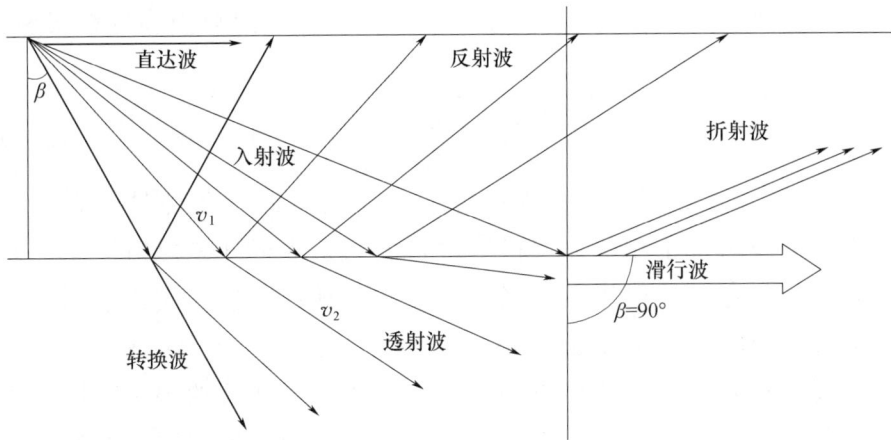

图 2.1.1　地震波传播路径示意图

由震源出发向外传播，没有遇到分界面而直接到达接收点的波叫作直达波。由图 2.1.1 可知，当入射角正好等于临界角（即 $\beta=\arcsin\dfrac{v_1}{v_2}$）且 $v_1 > v_2$ 时，透射波就会变成以 v_2 速度传播的滑行波。且由于两种介质是互相密接的，滑行波在传播过程中也会反过来影响第一种介质，并在第一种介质中激发新的波。这种由滑行波引起的波叫做折射波。

按照入射波、反射波和透射波的类型是否相同来区分，地震波可分为同类波和转换波。一般来说，当一个纵波入射到反射界面时，既产生反射纵波和反射横波，也产生透射纵波和透射横波。与入射波类型相同的反射波或透射波称为同类波，改变了类型的反射波或透射波称为转换波。入射角不大时，转换波的强度很小，垂直入射时，不产生转换波，并且反射波振幅 $A_反$ 与入射波振幅 $A_入$ 和分界面两边介质的波阻抗（指介质密度与波速的乘积）有如下关系：

$$A_反 = \frac{\rho_2 v_2 - \rho_1 v_1}{\rho_2 v_2 + \rho_1 v_1} A_入 \tag{2.1}$$

式中：ρ_1、v_1 分别为波在介质 1 中的密度和波速；ρ_2、v_2 分别为波在介质 2 中的密度和波速。

比值 $A_反/A_入$ 称为波从介质 1 入射到分界面时界面的反射系数，记作 R，即

$$R = \frac{A_反}{A_入} = \frac{\rho_2 v_2 - \rho_1 v_1}{\rho_2 v_2 + \rho_1 v_1} \tag{2.2}$$

式（2.2）表明：在分界面上能产生反射波的条件是分界面两边介质的波阻抗不相等。严格地说，波阻抗界面才是反射界面，速度界面不一定是反射界面。当地震波从一种低阻抗介质传播到一个高阻抗物质时，反射系数是正的；反之，反射系数是负的。因此，当地震波从软性地质体传播到硬质地质体时，回波的偏转极性会反转。反射体的尺寸越大，声学阻抗差别越大，反射波就越明显，越容易被探测到。由式（2.2）中我们可以得出：当介质 1 很松软、破碎，甚至与接近于空气时，$\rho_1 v_1$ 趋近于 0，此时，R 约等于 1，发生全反射，能量无法穿过介质 2；当介质 2 松软、破碎、接近于空气时，$\rho_2 v_2$ 趋近于 0，此时，R 约等于 -1，发生全透射，没有能量返回。

2.1.2　地震波的反射定律和透射定律

1. 反射定律

如图 2.1.2（a）所示，设地震波从点震源 O 沿射线 OP 入射

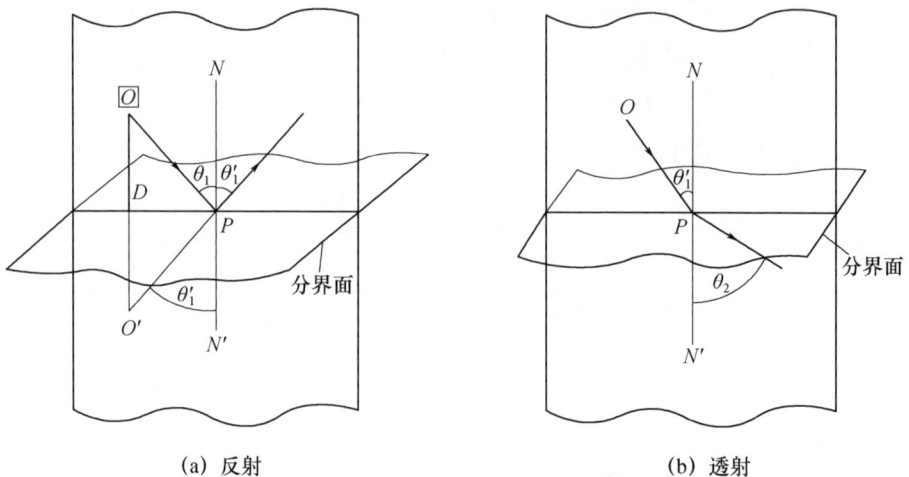

（a）反射　　　　　　　　　　　　　（b）透射

图 2.1.2　地震波反射、透射定律示意图

到分界面上；NP 垂直于分界面，是分界面在 P 点处的法线。入射线 OP 和法线 NP 所确定的平面垂直于分界面，这个平面叫作波的入射面。入射线和界面法线的夹角 θ_1 叫作入射角。反射波的射线叫作反射线，反射线和界面法线的夹角 θ'_1 叫作反射角。我们可以得出反射定律为：反射线位于入射平面内，反射角等于入射角，即 $\theta'_1 = \theta_1$

在地震勘探中，把入射线、过入射点的界面法线、反射线三者所决定的平面称为射线平面。根据射线平面的定义可知，它是垂直于分界面的。

设在地面（假设它是水平的）上 O 点激发，沿测线 Ox 接收；又设地下的反射界面是水平的，这时，射线平面既垂直反射界面，也垂直地面。

如果地面倾斜，可分为两种情况：

（1）若地震测线垂直界面走向，则射线平面既垂直反射界面也垂直地面。

（2）若地震测线不垂直界面走向，则射线平面只垂直反射界面，不再垂直地面。

在图 2.1.2（a）中，将反射线向反方向延长，同时从波源 O 向界面作垂线 OD 并延长，这两条延长线交于一点 O'。该点称为虚波源（地震勘探中称虚震源），因为反射线似乎是从 O' 点射出来的。利用反射定律很容易证明：$\overline{OD} = \overline{O'D}$。

2. 透射定律

如图 2.1.2（b）所示，当地震波沿 OP 入射到分界面上的 P 点时，除有一部分能量作为反射波的能量回到第一种介质中以外，通常还有一部分能量作为透射波的能量投入到第二种介质中。透射波的射线称为透射线；透射线和界面法线 PN' 之间的夹角 θ_2 称为透射角。

由实验总结得出的透射定律为：透射线位于入射平面内，入射角的正弦与透射角的正弦之比等于第一和第二两种介质中的波速比，即

$$\frac{\sin\theta_1}{\sin\theta_2} = \frac{v_1}{v_2} \tag{2.3}$$

或者

$$\frac{\sin\theta_1}{v_1} = \frac{\sin\theta_2}{v_2} \tag{2.4}$$

若把式（2.4）改写为

$$\frac{v_2}{\sin\theta_2} = \frac{v_1}{\sin\theta_1} = v_a \tag{2.5}$$

则表明沿着界面，波在两种介质中传播的视速度是相等的。

必须说明的是，透射定律只确定了透射线的方向，完全没有涉及透射波的强度，从而它也是属于几何地震学的一条定律。除了与反射定律一样要求的适用条件外，透射定律还特别要求两种介质必须是各向同性的。也就是说，当在同一种介质中传播时，波的速度必须是一个不随方向而变的常量。

由图 2.1.1 可以看出所谓的全反射现象。如果 $v_2 > v_1$，则有 $\sin\theta_2 > \sin\theta_1$，即 $\theta_2 > \theta_1$。当 θ_1 增大到一定程度但还没有到 90°时，θ_2 已经增大到了 90°，这时透射波在第二种介质中沿界面"滑行"，出现了"全反射"现象。如果 θ_1 再增大，就不能出现透射波了。

开始出现"全反射"时的入射角叫做临界角。因为此时 $\theta_2 = 90°$，$\sin\theta_2 = 1$，所以临界角满足下列关系式：

$$\sin\theta_c = \frac{v_1}{v_2} \tag{2.6}$$

2.2　TRT6000 超前预报工作原理

TRT6000 超前地质预报系统的工作原理就是基于地震波（弹性波）的反射原理，地震波的反射原理如图 2.2.1 所示，震源产生的地震波向前方介质传播，当地震波遇到波阻抗差异界面时，一部分信号被反射回来，一部分信号透射进入前方介质。波阻抗的变化通常发生在地质岩层界面或岩体内不连续界面。反射回来的地震信号被高灵敏地震信号传感器接收，通过分析，被用来了解隧道工作面前方地质体的性质（软弱带、破碎带、断层、含水带等）、位置及规模。

反射波总传播时间（T_t）等于入射阶段传播时间（T_i）与反射阶段传播时间（T_r）之和，每对震源和传感器的反射波总传播时间在三维空间确定了一个椭球，反射物位置的确定需要很多震源和传感器所确定的椭球。如图 2.2.2 所示，TRT6000 通过在隧洞内将震源和传感器呈空间多点阵列布置，进而可以准确探测到隧洞前方分布的反射物。

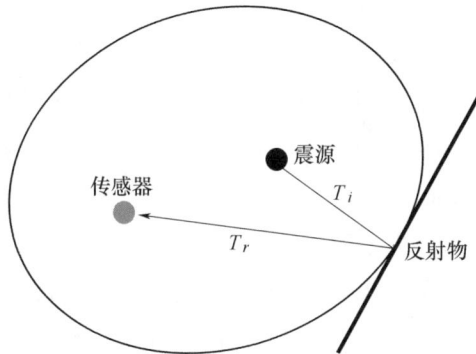

图 2.2.1　地震波反射原理示意图

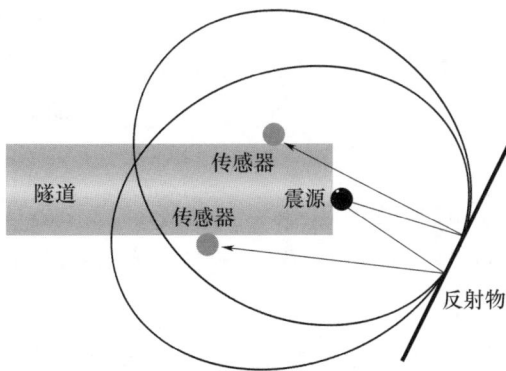

图 2.2.2　TRT6000 工作原理示意图

2.3　TRT6000 超前预报解译原理

TRT6000 超前地质预报系统应用三维地震反射技术，所以，应用 TRT6000 超前地质预报系统对隐伏地下水进行预报就是应用地震反射技术对隐伏地下水进行探测的技术，故其工作的理论基础为弹性波理论，工作原理为地震波反射勘探的工作原理。

2.3.1　Biot 理论

地下水为双相介质，利用双相介质的地震波反射特征对隐伏地下水进行探测预报的方法为直接法。

Biot 理论是研究流体饱和多孔隙固体的弹性波传播理论，该理论假设流体具有可压缩性，并能产生相对于固体的流动，形成摩擦。根据低频域 Biot 理论的一些基本原理，可得到如下双相介质中弹性波的传播特征。

（1）Biot 理论证实了在流体饱和的多孔隙介质中存在两种纵波和一种横波。其中两种纵波一种是快速纵波；另一种是慢速纵波。1980 年 T. J. Plona 在实验室首次观测到这种慢速纵波，从而证实了 Biot 理论预测的正确性。

（2）快速纵波的波速是 v_1。当流体和固体之间不存在相对运动时，则 $v_1 = H/\rho$。快速纵波的波速与振幅具有相同的符号，故为同相波。快速纵波就是地震勘探中经常观测到的纵波。

（3）慢速纵波为反相波，它实际上是一种扩散波，衰减十分快。

（4）当弹性波的趋肤深度和岩石孔隙直径相近时，慢速纵波的衰减最大。在低频时，趋肤深度远远大于岩石孔隙直径，这时，慢速纵波的衰减很慢。

所以，在 TRT6000 隧洞超前预报的探测成果资料中发现快、慢速纵波时即可直接判定隐伏地下水，并根据地震反射波的空间特征信息判定隐伏地下水的范围和位置。

2.3.2 间接法

在 TRT6000 隧洞超前预报的探测中，当无法直接取得勘探目标体的信号，却可以直接得到与勘探目标体直接相关并紧密伴生的另一个地质体信号时，可通过对与勘探目标体直接相关并紧密伴生的另一个地质体进行探测，从而间接对勘探目标体进行探测，这种方法为间接法。间接法在隐伏地下水的探测中使用较为普遍。

通过对隐伏地下水的储存空间进行探测，结合地下水调查结果判定隐伏地下水，这种判别、解译方法为对隐伏地下水的间接法。这种方法是 TRT6000 隧洞超前预报中对隐伏地下水进行探测和解译的主要方法。

隐伏地下水的贮水空间一般为相对破碎带，这些破碎带相对围岩为低波速带，其与围岩间存在波阻抗差异，故在地震反射探测中会产生反射波，从而可对其依据弹性波反射原理进行探测。

TRT6000 隧洞超前地质预报在现场采集的地震波数据经过数字处理后得到三维偏移归位图像（地质层析成像）成果，这个图像成果是一个经过三维偏移归位处理后的三维地震资料数据体，它可以用定义在（x、y、z）空间每个结点的数据（振幅、频率或相位）$A(x_i$、y_i、$t_k)$ 来表示。其中蕴藏了极其丰富的地质信息，而这些地质信息通过地震反射信息来表现，地震反射波信息主要有运动学信息、动力学信息和反射波特征信息三大类。运动学信息主要是指地震波反射时间、速度和同相轴特征，动力学信息主要是指地震反射波的振幅、频率、相位所含的信息，反射波特征信息主要是指同相轴的连续性、反射振幅的强弱、反射波同相轴局部的内部结构和外部形态等，在 TRT6000 隧洞超前地质预报解释工作主要是利用反射波特征信息为主，以运动学信息和动力学信息为辅进行解译。隐伏地下水的储存空间在 TRT6000 隧洞超前地质预报的图像成果中表现为较为相对集中，含反相反射波的反射波团带，且其部分具有一定的连续性或与其他同性质反射波带有连通性。

2.3.3　黏弹性介质中的地震波

波在传播过程中其机械能（动能和位能）有所损失，这种现象称为介质的吸收。

在完全弹性介质中，各体积元只受到弹性力的作用，因而只可能存在不同形式的机械能之间的相互转换，而不存在机械能的损失问题。可见，只有当介质出现一定的塑性（即只有在非完全弹性介质中）时才存在能量的吸收问题。

在非完全弹性介质中，这种能量吸收问题的定性解释有以下两种：

（1）弹性后效理论。它认为物体在外力的持续作用下内部结构发生变化，在外力小的时候不能完全恢复物体原状，存在一定的剩余应变。剩余应变的存在消耗部分弹性能量，进而产生地震波振幅的衰减。

（2）内摩擦理论。它认为介质中各质点在振动过程中发生相互的摩擦作用，使部分机械能转换为热能消耗，如同阻尼的存在会导致振动能量向其他能量的转化一样。

完全弹性介质中的应力与应变之间遵守广义胡克定律，即应力和应变之间成正比关系。在非完全弹性介质中应力与应变之间成正比的关系已不再成立，因为此时要考虑介质内摩擦力（介质不同部分之间相互摩擦，导致机械能向其他能量转化的作用力）的作用，从而建立了不同的非完全弹性介质模型。地震勘探中使用较多的是称为黏弹性体或佛格特（Voigt）体的模型。该模型假定介质的应力包括两个部分：一部分是弹性应力，满足广义胡克定律；另一部分是黏滞应力，黏滞应力与应变的时间变化率成正比。

2.3.4　介质的品质因子

品质因子 Q 表示地震波能量 E 在一个波长 λ 距离上的相对衰减量，可表示为

$$\frac{1}{Q} = \frac{1}{2\pi} \frac{\Delta E}{E} = \frac{2\delta}{2\pi} = \frac{\delta}{\pi} \tag{2.7}$$

式中：$\frac{1}{Q}$ 为损耗因子；$\frac{\Delta E}{E}$ 为能量的相对变量；δ 为对数衰减率（表示地震波振幅在 1 个波长 λ 距离上或者 1 个时间周期 T 上的衰减量）。

对数衰减率 δ 为吸收系数 α（表示地震波振幅沿传播距离 x 的衰减）的关系为

$$\alpha = \frac{\delta}{\lambda} = \frac{\delta}{\upsilon T} = \frac{\delta}{\upsilon} f \tag{2.8}$$

式（2.8）表明，吸收系数 α 是频率 f 的线性函数。这是地震勘探中吸收衰减与频率关系的基本假设。

品质因子 Q 是一个无量纲的量。介质 Q 值越大，能量的损耗越小，介质越接近完全弹性体，因此 $Q \to \infty$ 的介质就是完全弹性介质。

由式（2.7）和式（2.8）可知，吸收系数 α 与品质因子 Q 之间的关系为

$$\alpha = \frac{\pi f}{Q \upsilon_p} = \frac{\pi}{Q\lambda}$$

或 $$Q = \frac{\pi}{\alpha\lambda} \tag{2.9}$$

由式（2.9）可知，品质因子 Q 与吸收系数 α 成反比。进一步的研究表明，纵波和横波的品质因子是不同的。在泊松体（$\upsilon = 0.25$）的情况下，纵波的品质因子 Q_p 与横波的品质因子 Q_s 之比约为 $9/4$，即 $Q_p/Q_s \approx 9/4$。由此可见，介质对横波的吸收要比对纵波的吸收严重。

2.4　TRT6000 超前预报设备主要技术参数

TRT6000 超前地质预报系统设备的主要技术参数如下列。

接收器端口：11 个；

记录通道：24 个；

采样间隔：31、64、125、250、500、1000μs 或 2000μs；

记录带宽：40～15000Hz；

模数转换：32 位；

记录长度：16000 采样数每通道；

频率范围：10～75000Hz；

低频过滤：25、35、50、70、100、140、200、280、400Hz（降低传输距离和土的噪声）；

高频过滤：250、500、1000Hz（降低风噪）；

延迟：0～9999ms（以毫秒为单位进行调节）；

工作电压：直流 12V；

温度范围：存放环境温度－10℃～＋60℃；

工作温度：0～70℃；

相对湿度：30％～90％；

电源：外接电源 90～240V（交流），50/60Hz。

2.5　TRT6000 超前预报数据采集

2.5.1　震源激发点及地震波接收点的布置

在隧洞内按图 2.5.1 所示布置震源点与地震波接收点，共布置 2 个震源激发断面和 4 个地震波接收断面，震源激发断面间距为 2m，地震波接收断面间距为 5m，震源激发断面与地震波接收断面最小距离为 10～20m，震源点与隧洞掌子面的最小距离约为 5m，接收点最高位置与最低位置高差不小于 2.5m。

2.5.2　坐标测量

在震源点和接收点布置的同时，在洞内准确测量各震源点和接收点的坐标（大地坐标或施工坐标），并准确计算出隧洞掌子面以及最后一个地震波接收断面的中心坐标。

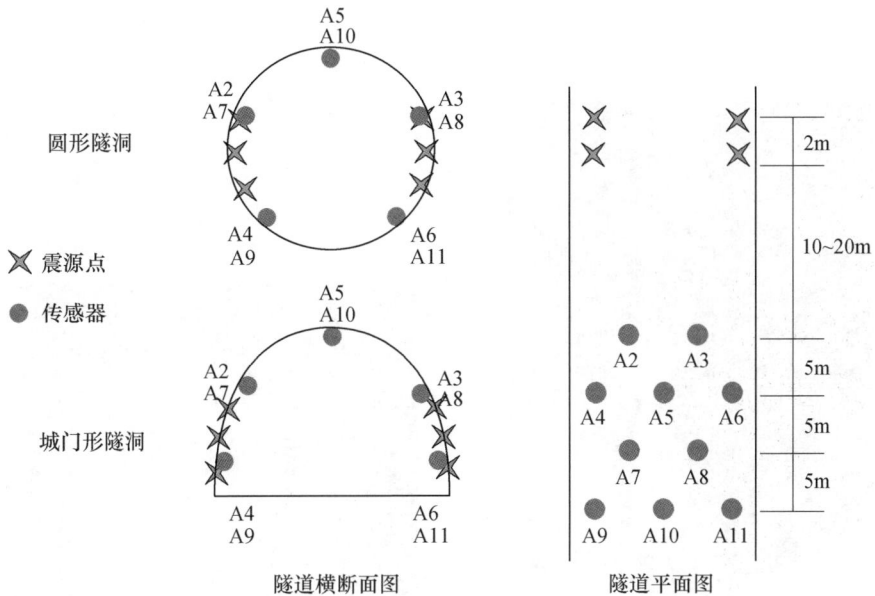

图 2.5.1 TRT6000 观测布置示意图

2.5.3 传感器与隧洞壁耦合

震源点与接收点的坐标测量完成后，在各个地震波接收点钻孔，将传感器与隧洞壁耦合，如图 2.5.2 所示。

2.5.4 连接工作线路

将各传感器与远程数据接收模块用数据线相连，同时将绑好触发器的铁锤与基站、电脑用数据线相连，图 2.5.3 为 TRT6000 系统工作示意图。

2.5.5 震源击发与数据采集

上述各分项工作全部完成之后，打开电脑以及各远程数据接收模块的电源，做好锤击与数据采集的准备工作，锤击与数据采集相互配合进行，TRT6000 系统数据传递过程示意图以及采集到的地震波数据详见图 2.5.4 和图 2.5.5。

（a）连接传感器　　　　　　　　　　　　（b）传感器与隧洞耦合

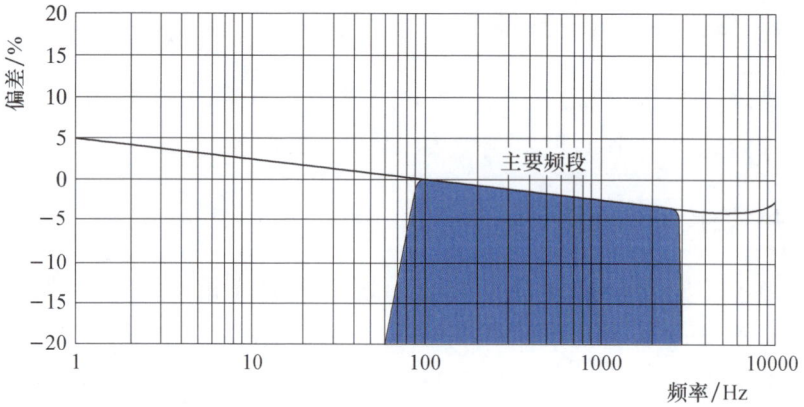

（c）振幅响应

图 2.5.2　传感器与隧洞壁的耦合

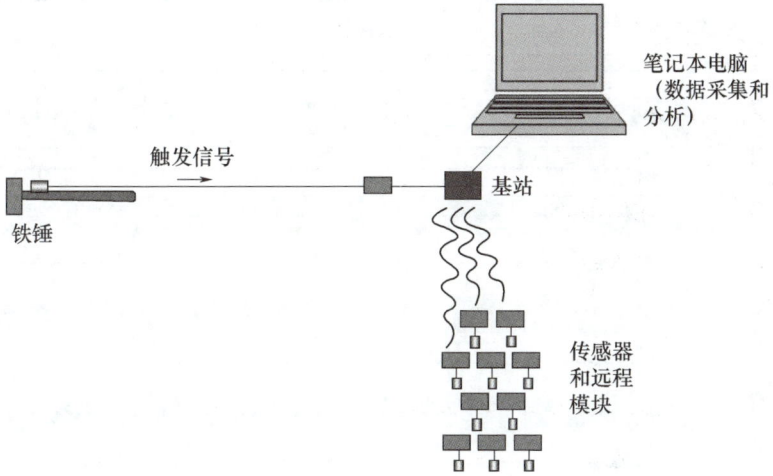

图 2.5.3　用锤击作为震源的 TRT6000
系统工作示意图

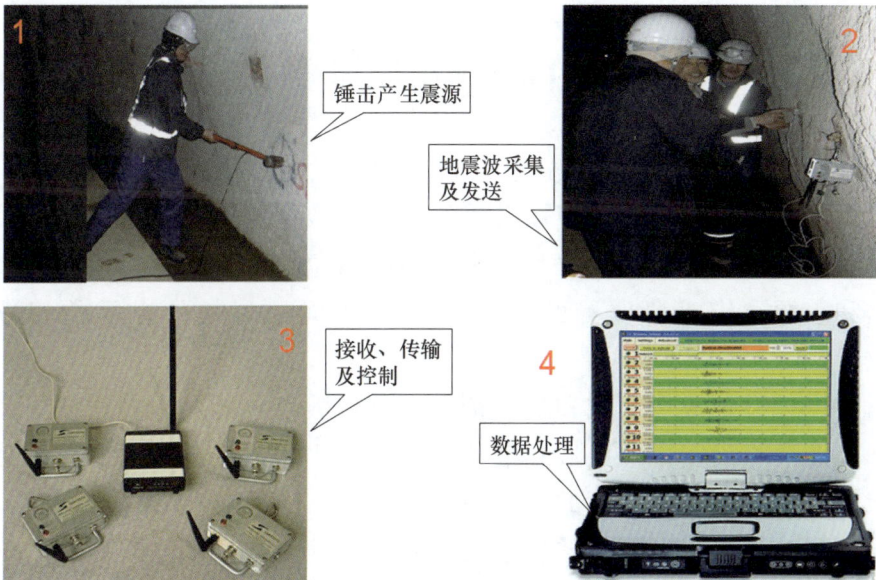

图 2.5.4　TRT6000 系统数据传递过程示意图

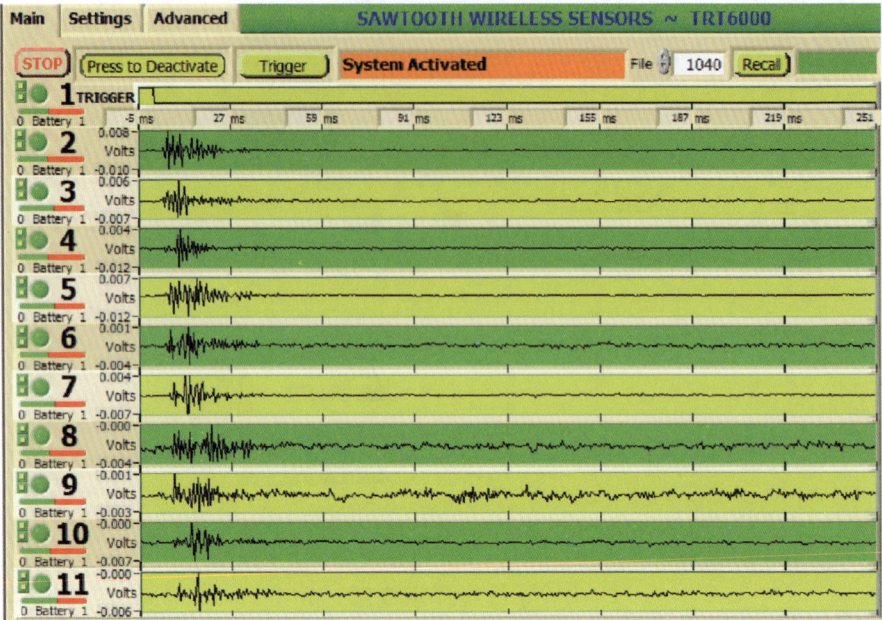

图 2.5.5   采集到的地震波数据

2.6   TRT6000 超前预报数据处理

TRT6000 超前预报数据处理流程如下：

（1）数据备份。将现场采集的地震波数据进行备份。

（2）下载地震波数据和震源、传感器位置的坐标。将地震波数据和震源、传感器位置的坐标下载到数据处理软件提示的相应位置。

（3）设定成像区域和最佳精度（节点数目）的大小。根据预报和成图要求设定成像区域和最佳精度的大小，成像区域根据具体要求进行设定，最佳精度的大小一般取 2。

（4）选取每个记录的直达波，并计算地震波的平均波速值。在地震波数据处理软件中读取每个记录的直达波，并采用线性递归法计算地震波的平均波速值，如图 2.6.1 所示。

（5）为所选区块构建地震波速度模型。根据第（4）步所得的

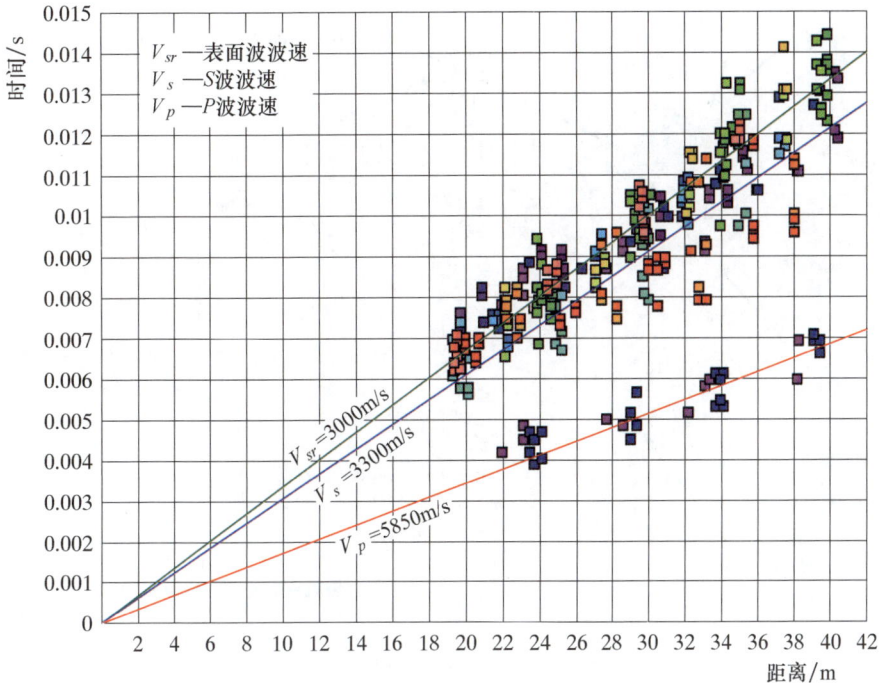

图 2.6.1　用线性递归法计算地震波的平均波速

地震波平均波速值为所选区块构建地震波波速模型，如图 2.6.2 所示，其中已开挖区域（紫红区域）的地震波速度设定为声波波速值，未知区域（粉红区域）设定为计算所得的地震波平均波速值。

（6）为数据处理设定过滤参数。根据采集到的地震波数据为数据处理设定过滤参数，如图 2.6.3 所示，过滤参数包括时间、频率以及波速三个参数。时间滤波器主要目的是修正地震波的衰减，频率滤波器主要目的是消除噪声信号干扰，波速滤波器主要目的是抑制直达波。

（7）重复步骤（4）～（6）处理数据，直到处理结果达到平衡，噪声干扰衰减到足够小。

（8）设定成图背景（比例、颜色）来显示成果图像。

（9）审查和分析在岩层中探测到的异常的平面（二维）和立体（三维）绘图，如图 2.6.4 所示。

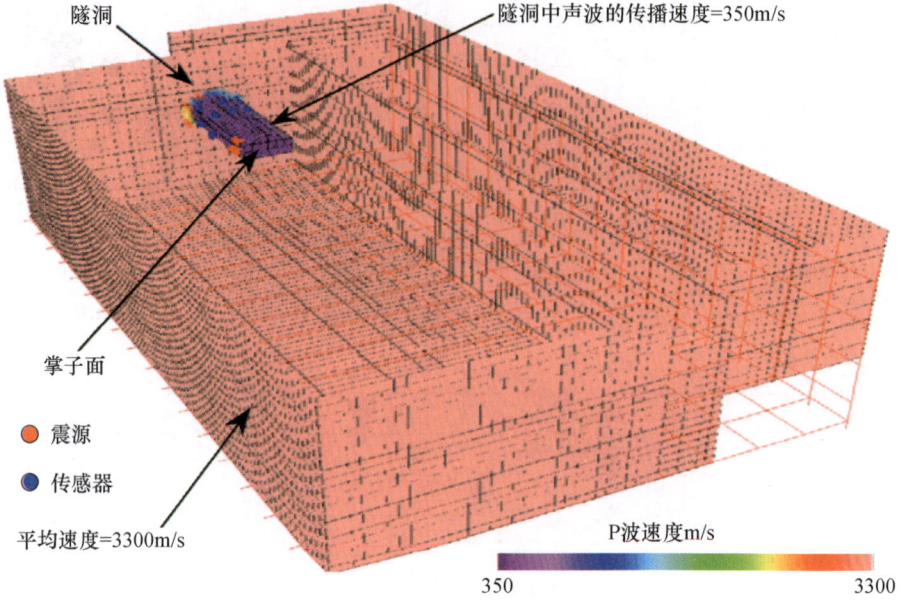

图 2.6.2　地震波波速模型

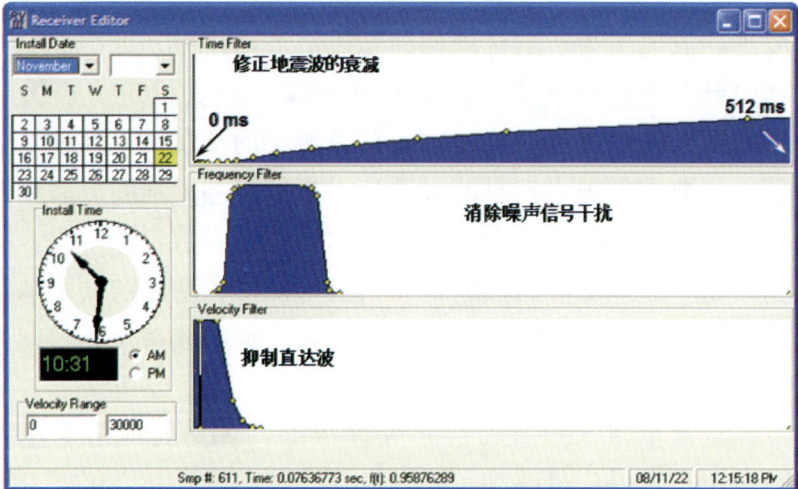

图 2.6.3　数据滤波处理

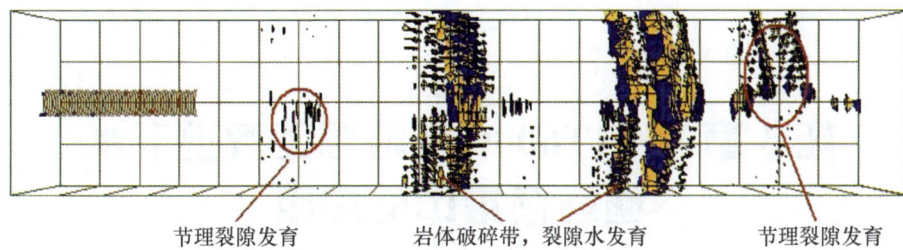

节理裂隙发育   岩体破碎带，裂隙水发育   节理裂隙发育

图 2.6.4   TRT6000 超前预报成果图

第3章 TRT6000 在隧洞工程地下水超前预报中的应用

　　地下水突涌灾害是贯穿整个地下工程发展史的一种地质灾害，仅从全世界近两百年、我国近百年的铁路修建过程中，地下水突涌灾害是最常见也是危害最大的地质灾害之一，造成了巨大的人员和物资的损失。如日本的东海道干线旧但那隧道（长 7.8km）自 1918 年开工后曾遭遇 6 次不同规模的地下水突涌灾害，地下水突涌时水压达到 4.2MPa，突涌总量达 150000m³/d，造成了巨大的损失，致使施工周期延长了 16 年左右；俄罗斯贝阿铁路北穆隧道（长 15.4km）开工后也曾遭遇 4 次不同规模的地下水突涌灾害，突涌总量达 25000m³/d，同样造成了巨大的损失。

　　我国由于地下水突涌灾害造成的隧洞工程的损失也十分惊人。据不完全统计，仅铁路系统 2004 年以前建成的隧道中有 80% 在施工中遇到过不同形式、不同规模的地下水突涌灾害，总突涌量在 10000m³/d 以上者达到 71 座，占竣工隧道总数的 30% 左右。其中成昆铁路沙木拉达长隧道（长 6.44km），总突涌量达 20000m³/d，最大瞬时突涌量达到 36m³/min，曾造成隧道施工停工 32d 之久；京广线南岭隧道（长 6.04km），曾发生 3 次不同规模的地下水突涌灾害，突涌总量达 12000m³/d，瞬时突涌量最大达到 46m³/min，直接经济损失 48 万元；2002 年株六铁路复线大竹林隧道发生大规模地下水突涌灾害，突涌总量达 16000m³/d，瞬时突涌量最大达到 66m³/min，造成隧道施工停工 132d 之久，直接经济损失 455 万元；渝怀线关键性控制工程圆梁山深埋特长隧道，全长 11.068km，2002 年 9 月，发生了大规模地下水突涌灾害，当时，伴随着从掌子面传来的剧烈爆炸声，泥石流状物质瞬间充满了整个超前导坑，影响长度达 244m，之后又发生多次间歇式地下水突涌，在清理过程中发现坑道内用于出渣的钢轨发生严重扭曲，此次地质灾害的发生给施工带来了巨大的影响和损失，造成隧道停工 33d，直接经济损失 201 万元。

总之，随着我国铁路、高速公路和水利水电工程建设投资规模的不断扩大，隧洞工程设计施工的难度迅速增加，特别是在工程地质条件十分复杂的西南地区进行隧道施工的难度和风险明显增大。但由于当前对地下水突涌灾害的防治预测系统不甚完善，对于各种地质信息的处理处于散乱和不系统状态，尚不能快速准确地对地下水突涌灾害的防治和预测做出科学分析和处理，因此，进行"隧洞工程地下水超前预报"方面的研究工作，为有效地预测和防治地下水突涌灾害提供必要的理论依据已成为现在岩土工程界亟待解决的问题。

3.1　地下水对隧洞围岩的作用

地下水对隧洞围岩的作用主要有水岩物理作用、水岩力学作用和水岩化学作用。

3.1.1　水岩物理作用

地下水对隧洞围岩的物理作用主要是软化、分割、润滑、泥化、崩解、冻融和热隔等，一般表现为地下水对岩土的综合软化效应。

3.1.2　水岩力学作用

由于隧洞大量疏干地下水，造成地下水位下降，饱和岩土层中孔隙水压力降低，不饱和区域负孔隙水压力区随之扩大。在总应力不变的情况下有效应力上升。

由于渗流场被隧洞改变，地下水的渗流方向全部改变为新水力梯度下的向隧洞中心点流动，其方向是向下的。这样随着渗流方向的改变地下水渗流力亦随之改变，增大了竖直向下的应力，总应力上升。在孔隙水压力减小的情况下更增大了岩土体有效应力。随着有效应力上升土体发生新的沉降直至达到新的动态平衡。

因此，水岩的力学作用主要表现为地下水对岩土体骨架产生的两种压力，即孔隙水压力和渗透压力。

3.1.3　水岩化学作用

地下水化学异常，是指地下水因溶解矿体或其他原因而使其所含的某些组分，显著不同于周围水体背景特征的现象，地下水化学异常对隧道围岩、混凝土衬砌的影响及防治具有十分重要的意义。对于岩石力学，水岩化学作用指水溶液与岩石（体）在岩石固相线下的温度、压力范围内进行的所有化学反应和物理化学作用。

水岩化学作用导致岩石变形、破坏的差异性表现的是其宏观上的特征，而这种宏观上的差异与其微观结构的改变是密切相关的，从微观上说，岩石是颗粒或晶体胶结或黏结在一起的聚集体，包含有大量孔隙、微裂隙和裂隙。岩石在天然溶液的渗透、化学作用的影响因素多且复杂，而这种复杂作用的微观过程是岩体变形破坏的关键所在。

地下水沿着岩石的孔隙、裂隙或溶隙渗流过程中，能溶解岩石中的可溶物质，而具有复杂的化学成分，从而地下水对隧道围岩以及支护结构的混凝土产生腐蚀作用。

由于地下水对隧洞围岩的影响，隧洞开挖过程中遇到地下水时，隧洞围岩稳定性较差，甚至有发生突水、突泥、涌砂的可能，严重影响施工安全，拖延工期。宜万铁路马鹿箐隧道在施工过程中发生"1·21"涌水事故，最大涌水量达 30 万 m^3/h，此次事故造成 11 人死亡，事故处理长达 1 年多的时间，为人员的生命安全和工程的施工进度带来了极大的损失。牛栏江—滇池补水工程大五山隧洞 8 号支洞开挖时，遇大量地下水，而且岩体极破碎，呈散体结构，隧洞掌子面及洞壁出现了涌砂现象，致部分设备被淹损坏，人员健康安全也受到影响，洞内日涌水量达 $2000 m^3$，水压力大，常规的施工方法无法对其进行有效处理，该段隧洞最后处理了近一年，增加了成本，延长了工期。由此可见，地下水对隧洞施工的危害极大，隧洞施工过程中采取超前地质预报方法，准确预报隧洞前方的地下水非常重要，并提前做好预防和应急措施，确保工程安全、顺利进行。

3.2　地下水工程地质特征

3.2.1　地下水的分类

在工程地质领域，地下水作为一种特殊的不良地质体，土、岩石或裂隙中的空隙是地下水的储存场所和运动通道，空隙的多少、大小、形状、连通情况和分布规律对地下水的分布和运动规律具有重要影响。地下水的运移有其本身的补给、径流和排泄规律，但针对不同的研究区域，受构造影响的程度不同，以及区域地理及水文条件的不同，其补—径—排规律千差万别。

根据地下水的埋藏条件不同，可以把地下水划分为包气带水、潜水和承压水三类。根据含水层空隙性质不同，可将地下水划分为孔隙水、裂隙水和岩溶水三类。表 3.2.1 为不同类型地下水的基本特点。

3.2.2　地下水运动的基本规律

与隧洞工程密切相关的地下水主要为重力水，重力水运动的基本规律分为层流和紊流两种情况。

（1）对于层流运动的地下水，其基本运动规律满足线性渗透定律，即达西定律：渗透速度与水头梯度的一次方成正比。达西定律不仅适用于松散岩石，也适合于裂隙岩石及岩溶化岩石，只要水流属于层流运动即可。

（2）对于紊流运动的地下水，因其在较大的空隙中运动，且流速相当大时，运动规律服从紊流运动规律，或称非线性渗透定律，即哲才·克拉斯诺波里斯基定律：渗透速度与水力坡度的平方根成正比。

表 3.2.1　　　　　　不同类型地下水的基本特点

分类依据	地下水类型	基　本　特　点
根据地下水的埋藏条件	包气带水	在饱和带以上，未被水充满的地带叫包气带或未饱和带，包气带中的水即为包气带水，主要为气态水及结合水，局部为上层潜水
	潜水	地表下面第一个连续隔水层之上具有自由水面的重力水，一般存在于第四系松散堆积物的空隙中（空隙潜水）及出露于地表的基岩裂隙和溶洞中（裂隙潜水和岩溶潜水），其主要特征如下： （1）大气降水和地表水直接渗入为补给源。 （2）气候、地形和地质条件对潜水的埋藏深度和含水层厚度影响较大。 （3）潜水具有自由表面。 （4）潜水的排泄主要有两种方式：垂直排泄和水平排泄
	承压水	（1）充满于两个隔水之间的含水层中承受压力的地下水称为承压水。 （2）其最大特征即具有承压性。承压水的形式主要取决于地质构造，包括向斜构造和单斜构造。 （3）承压水的分布区和补给区是不一致的，一般补给区远小于分布区。因受隔水层的覆盖，所以受气候及其他水文因素的影响较小，水量变化不大，地下水动态比较稳定
根据含水层空隙性质	孔隙水	（1）主要赋存于松散沉积物中。 （2）随着沉积物的类型、地质结构、地貌形态以及所处的地形部位等不同，孔隙水的分布、补给、径流和排泄，都显示一定的差异性。 （3）各种成因类型的松散沉积物，都可以赋存孔隙潜水或孔隙承压水

分类依据	地下水类型	基 本 特 点
根据含水层空隙性质	裂隙水	（1）埋藏于基岩裂隙中的地下水。岩石裂隙的发育情况决定地下水的分布情况和能否富集。 （2）其主要特点是：不均匀性、方向性、各向异性和连通性等。 （3）根据埋藏情况，可分为面状裂隙水、层状裂隙水和脉状裂隙水。 　　面状裂隙水埋藏在各种基岩表层的风化裂隙中，又称风化裂隙水。其含水性和透水性的强弱，视岩石风化程度、风化层物质组成等而异，极不均匀。风化裂隙水的水量随岩性、地形等而变。风化带各地深度不同。 　　层状裂隙水是埋藏在成岩裂隙和构造裂隙中的地下水，其分布一般与岩层的分布一致，因而常有一定的成层性，也具有不均匀性。在浅部可形成潜水，在深处埋藏在隔水层在隔水层之间可形成承压水。 　　脉状裂隙水埋藏于构造裂隙中，沿断裂带呈脉状分布，长度和深度远比宽度大，具有一定的方向性，也具有不均匀性；含水带内地下水分布的不均匀性；地下水的补给源较远，循环深度较大，水量、水位较稳定，有些地段具有承压性；水量比较丰富，对隧道工程往往造成危害
	承压水	承压性

3.2.3　隧洞开挖揭露地下水的随机性

隧洞工程施工揭露地下水，给现场人员及隧洞工程师的表面现象是：地下水无孔不入，随机性很大。

（1）孔隙水。对于浅埋隧洞、一般隧洞的浅埋段以及城市地铁隧洞，隧洞开挖揭露的地下水主要为潜水，且多数为孔隙潜水，如成都地铁（砂卵石层），广州地铁（强风化层），沈阳地铁（冲积砂层），上海地铁、南京地铁、北京地铁、昆明地铁（黏土、软土层），西安地铁（黄土层）等。

（2）裂隙水。裂隙水按其介质中空隙的成因可分为：成岩裂隙水、风化裂隙水和构造裂隙水。

山岭隧洞的洞口浅埋段主要为风化裂隙水，一般埋深段多数为构造裂隙水或成岩裂隙水，不排除岩溶水。对于深埋山岭隧洞，施工开挖揭露的地下水主要为基岩裂隙水和岩溶水，其主要特点是：地下水一般具有一定的压力或承压性，涌水量相对比较稳定。

（3）岩溶水。岩溶是水与可溶岩介质相互作用的产物，岩溶化过程实际上是水作为营力对可溶岩层的改造过程。岩溶地下水的主要特点有：

1）岩溶地下水与降雨量密切相关，地下水位与流量随降雨多少而有很大变幅。

2）由于地质构造关系和地下分水岭的存在，使得岩溶地下水变得格外复杂，难以准确预测或计算地下水量，因而易造成水害。

3）岩溶地下水具有不均匀性，裂隙与管道并存，埋藏条件不易查清。

4）岩溶地水具有水动力剖面的分带性，各带的水文地质条件不同，直接影响工程位置的选择。

5）具有集中突水和承压性，且伴随涌泥、涌砂等。

3.3　地下水的地震波特征

TRT6000 隧洞超前地质预报系统是利用地震反射信号进行预报，其分析解译工作是一项综合性很强的工作，总体上可以分为构造解释和岩性解释两大类，地下水的解译工作属于岩性解释类。一般的解译步骤是先进行构造分析解译，其次进行地质层位的分析解译，最后进行地下水以及破碎带的分析解译。也就是，在利用地震波的运动学原理对原始资料进行处理，得到三维地震映像成果后，利用地震波的动力学原理和反射特征信息进行地下水分析解译。进行地下水分析解译的主要要素是反射信号的振幅、相位（极性）及其连续性和反射波结构、形态等几何参数。

在进行地下水的分析解译主要采用直接法和间接法，直接法主要是对快、慢纵波速度的识别，较为简单；间接法相对较为复杂，且应用较多。

3.3.1　振幅

地下水的反射波振幅强弱首先与其弹性波环境有关，也就是说与其反射系数有关。其次，与信噪比的大小有关，当信噪比较小时，信号易被环境噪声掩盖，不易识别；反之则较易识别。另外，与隐伏地下水的相对体积（规模）有关，当隐伏地下水的体积相对较小时，反射信号较弱或甚至无反射信号，此时无法进行识别和分析解译；反之则较易识别。

3.3.2　相位（极性）

在 TRT6000 隧洞超前地质预报中，由于工作环境的限制，接收到的反射信号均为法线反射（或近似法线反射）信号。

当 $\rho_2 v_2$（或 r_2）$>\rho_1 v_1$（或 r_1）时，反射系数 R 为正值，说明反射波的相位与入射波的相位是一致的，即反射波与入射波同相；当 $\rho_2 v_2$（或 r_2）$<\rho_1 v_1$（或 r_1）时，反射系数 R 为负值，说明反射波的相位与入射波的相位差 π，即反射波与入射波反相。

在工程中，隐伏地下水的波阻抗（r_2）相对围岩的波阻抗（r_1）小，即 $\rho_2 v_2$（或 r_2）$<\rho_1 v_1$（或 r_1），也就是在 TRT6000 隧洞超前地质预报的成果中，地下水的反射信号为反相波。

3.3.3　反射波连续性、结构和形态

反射波的连续性、结构和形态是地下水赋存空间和类型的直接反映。

地下水在赋存介质中的不均匀性决定了地下水以及破碎带反射波的连续性为局部性，即地下水的反射波同相轴具有局部性和相互的连通性（连通通道反射信号可识别时）。在 TRT6000 隧洞超前地质预报的成果图中，地下水以反射波连续性表现为可连通的团带

状反相波同向轴面。地下水的厚度和富水性决定了其反射波的结构和形态。当隐伏地下水厚度大于分辨率且为饱和富水带时，其反射波结构表现为反相—正相结构，其形态为反射波振幅强度相同的团带状；当地下水厚度大于分辨率且为半饱和富水带时，其反射波结构表现为反相—正相结构，其形态为反射波振幅强度相异的团带状；当地下水厚度小于分辨率且为饱和富水带时，其反射波结构表现为单一反相同相轴面结构，其形态为反射波振幅强度相同的面状；当地下水厚度小于分辨率且为半饱和富水带时，其反射波结构表现为单一反相同相轴面结构，其形态为反射波振幅强度变化的面状。另外，当地下水间的连通通道反射波可识别时，这些连通通道的反射波表现为反相同相轴带状。

3.4　地下水预报的特殊性和复杂性

地下水作为隧洞工程中一种常见的不良地质体，对隧洞围岩的影响极大，在隧洞超前地质预报中，地下水预报往往是极其重要的一项任务，地下水的赋存条件和隧洞围岩的岩性、地质构造等地质因素密切相关，由于隧洞围岩的岩性、地质构造等地质因素千变万化，使得地下水预报具有其特殊性和复杂性。

（1）在工程地质领域，地下水作为一种特殊的不良地质体，与其他的不良地质体存在显著区别。

（2）地下水的储存空间和运移通道为土、岩石或裂隙中的空隙，空隙的多少、大小、形状、连通情况和分布规律对地下水的分布和运动规律具有重要影响。

（3）采用常规的物探方法对一般不良地质体界线的准确探测技术比较成熟，但这些不良地质体是否含水则难以判定。

（4）地下水无“定形”，但可能有“压”，通常情况下，采用同一种物探设备不能同时满足探测其有无、边界、水量（水压）大小等探测要求。

3.5 地下水预报的主要思路

根据地下水的赋存条件，考虑到地下水预报的特殊性和复杂性，拟定了地下水预报的主要思路如下：

（1）坚持用"以地质法为基础"进行隧洞施工地下水超前预报的基本原则。

（2）测试之前开展地质调查和区域水文地质条件分析，确定地下水预报重点段。

（3）充分了解施工过程中地质条件的变化规律，结合对已开挖洞段工程地质条件、水文地质条件进行测绘、编录。

（4）对收集的检测数据进行分析，去伪存真，选择合适参数，结合前述已取得的资料，由地质、物探工程技术人员综合评判，得出预报结论。

（5）分析隧洞前方的地下水对隧洞可能产生的影响，并提出合理的应对措施。

（6）隧洞施工过程中应特别注重现场超前探水孔对水压力的监测。

3.6 TRT6000 超前探测地下水的工程实例

3.6.1 实例一：金奎地隧洞 6 号支洞 K0＋149.2～K0＋253.6

1. 工程地质概况

金奎地隧洞长 15.257km，进口底板高程 1970.523m，出口底板高程 1962.943m。

（1）区域构造稳定性及地震动参数。工程区位于小江深大断裂发震构造带，区域构造稳定性较差。

根据 1：400 万《中国地震动参数区划图》（GB 18306—

2001)，金奎地隧洞地震动峰值加速度为 0.3g，相应地震基本烈度为 Ⅷ 度。

（2）隧洞基本地质条件。金奎地隧洞沿线地形起伏较大，地形坡度 10°～45°，地势总体北、北东高，南、南西低，隧洞最大埋深 284m。

隧洞位于刚纪村向斜的南东翼。隧洞的南东侧发育区域性断裂鲁冲—车乌逆冲断裂（Ⅱ$_2$），断裂长度大于 80km，走向 N15°～30°E，总体倾向 NW 向，局部反倾，倾角 50°～85°，宽度约150m。地貌上具线性特征，两盘不同地层沿走向相抵，沿线见角砾岩、糜棱岩、片理化等破碎带较发育，为压性逆冲断层。鲁冲—车乌断裂以大平子为界，大致可分为南西段和北东段两段，其中南西段断裂为晚更新世活动断裂，北东段断裂为中更新世活动断裂，晚第四纪活动迹象不明显。金奎地隧洞与鲁冲—车乌断裂近平行布置，隧洞与断裂最近距离约为 0.5km，对隧洞围岩稳定性影响大。

隧洞中段发育干沟断层（Ⅰ$_6$），断层与洞线交角 39°，倾向近东，倾角 55°～70°，断层宽约 20～30m，其东约 100m 有一近平行的分支断裂，为次级构造。断层物质主要为角砾岩，局部糜棱岩化，为逆断层。

隧洞沿线地层岩性复杂，主要有 P$_1$$m$ 灰岩、白云质灰岩夹假鲕状灰岩，S$_3$$g^{1-2}$ 泥岩、页岩夹中厚层状灰岩、砂岩，D$_2$$h$ 石英砂岩夹粉砂岩、砂质页岩，D$_3$$zg^1$ 白云岩、硅质白云岩夹角砾状白云岩、泥质白云岩、灰岩、泥灰岩及页岩，偶夹石膏岩，顶部灰岩，底部少量泥岩灰岩，隧洞进、出口段分布第四系松散堆积层。

以干沟断裂为界，干沟断裂以北为灰岩区，隧洞线以东刺蓬河暗河入口高程 2068.00m，以东扯嘎河（下游称干河）河床高程1842.00m，扯嘎河为区内最低排泄基准面，隧洞开挖有遇溶洞或暗河支流的可能性，地下水涌水量大。干沟断裂以南主要以泥质岩类为主，白云岩类次之，洞身均位于地下水水位以下，因隔水层与透水层相间，地下水局部承压，揭穿隔水层后有突水可能。岩溶以溶孔、溶隙为主。

（3）隧洞开挖段地质概况。本次超前预报洞段位置如图 3.6.1 所示。

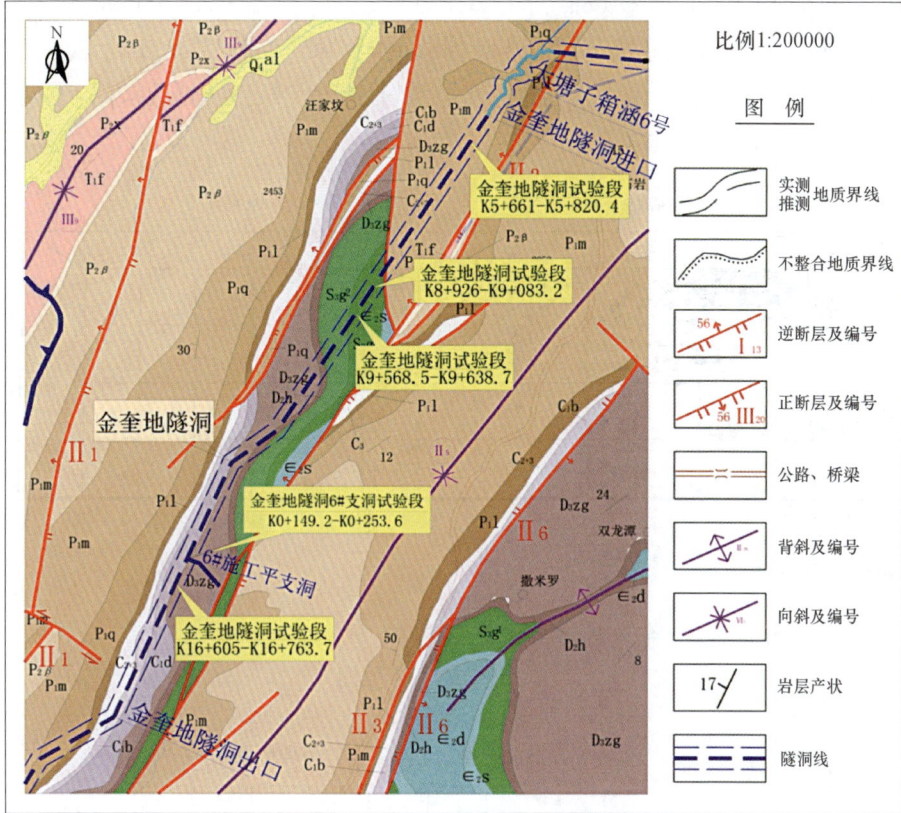

图 3.6.1　金奎地隧洞工程地质平面图

隧洞位于化桃箐水库西侧，掌子面地层岩性为泥盆系宰格组 D_3zg^1 灰黄色、灰白色白云质灰岩，局部夹页岩，岩体呈强风化状态。岩层倾向 SE，倾角 $20°\sim30°$，岩层走向与洞线夹角大于 $60°$。受鲁冲—车乌逆冲断裂的影响，隧洞围岩裂隙发育，岩体破碎，多呈碎裂结构，隧洞底板位于地下水位以下，涌水量大，节理裂隙发育，岩体完整性差，掌子面围岩不稳定。

2. 隧洞超前预报成果解译及预报结论

云南水院于 2009 年 10 月 21 日对牛栏江—滇池补水工程输水线路金奎地隧洞 6 号支洞进行了地质超前预报，预报里程为 K0＋

149.2～K0＋253.6。本次地质超前预报采用 TRT6000 地质超前预报系统，在现场布置了 2 个震源断面共 12 个震源点以及 4 个信号接收断面共 10 个信号接收点，震源点和信号接收点呈空间布置。

隧洞地震波反射层析扫描成像如图 3.6.2、图 3.6.3 所示，三维地质模型如图 3.6.4 所示，图中掌子面位于 25.6m 处，对应的隧洞里程桩号为 K0＋149.2。

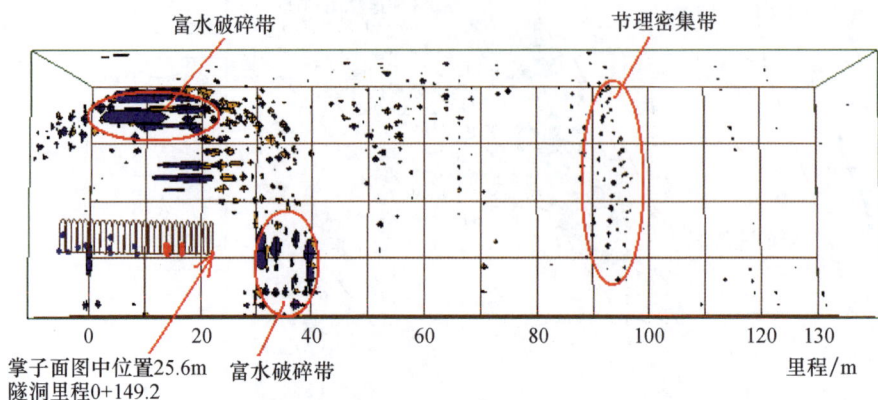

图 3.6.2　金奎地隧洞 6 号支洞 K0＋149.2～K0＋253.6
层析扫描成像侧视图

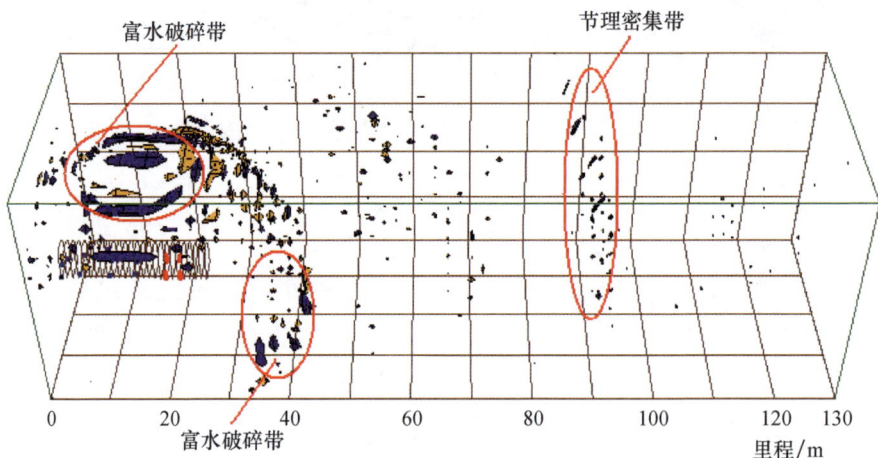

图 3.6.3　金奎地隧洞 6 号支洞 K0＋149.2～K0＋253.6
层析扫描成像空间展示图

在图 3.6.2 和图 3.6.3 中，里程 0.0～20.0m 隧洞顶上部 10.0～
20.0m 范围内发现大团块状反向反射波，同时其周围分布有团块
状正向反射波，其结构形态为反向—正向的团块状，从其位置可判
断为一较大富水体下部。另外，在里程 30.0～43.0m 隧洞右侧
5.0～10.0m 范围内分布有结构形态为反向～正向的团块状反射
波，其反射波振幅强度相对隧洞顶部较弱，判断为一相对较小的富
水破碎带。这两个富水破碎带之间分布有点片状的反向—正向的反
射波，故这两个富水破碎带之间相互连通。从图 3.6.2 和图 3.6.3
看，隧洞将在里程 30.0～43.0m 从较小的富水破碎带和这两个富
水破碎带之间连通区域通过。

结合图像与现场地质情况可以得出如下结论：

图中 30～43m（0＋153.6～0＋166.6m）段为富水破碎带，地
下水发育，围岩稳定性极差，开挖时易坍塌，建议加强支护，并做
好防水、排水措施，围岩参考类别为 V 类。

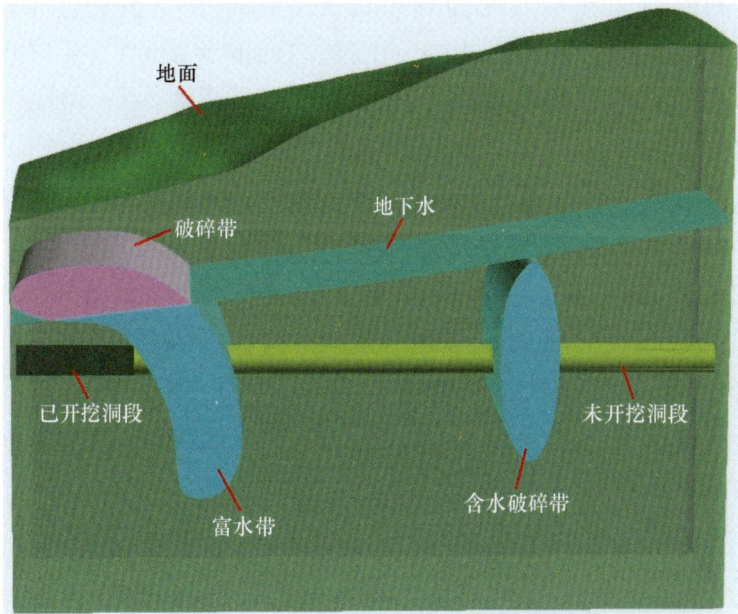

图 3.6.4　金奎地隧洞 6 号支洞
K0＋149.2～K0＋253.6 三维地质模型

3. 隧洞开挖验证

隧洞 K0＋150～K0＋170 段涌水量大，围岩稳定性极差，施工过程中采取了超前排水措施，并进行了超前管棚支护，安全穿过了该富水破碎带洞段。超前预报结论与开挖揭露出来的地质情况基本吻合。

3.6.2　实例二：大五山隧洞 6 号支洞 K0＋266.8～K0＋337.4

1. 工程地质概况

大五山隧洞全长 36.137km，进口底板高程 1930.069m，出口底板高程 1912.00m。

（1）区域构造稳定性及地震动参数。工程区位于小江深大断裂发震构造带，区域构造稳定性较差。

根据 1：400 万《中国地震动参数区划图》（GB 18306—2001），大团地隧洞出口—大五山 5 号支洞段地震动峰值加速度为 0.3g，相应地震基本烈度为 Ⅷ 度；大五山 5 号支洞—盘龙江段地震动峰值加速度为 0.2g，相应地震基本烈度为 Ⅷ 度。

（2）隧洞基本地质条件。隧洞沿线相对高差 50～400m，地形坡度 10°～25°。

隧洞沿线分布的地层岩性主要有：$\in_1 q$ 泥质页岩、粉砂质页岩及粉砂岩，$\in_1 c$ 长石岩屑石英砂岩、石英砂岩，$\in_1 l$ 白云岩，$\in_2 d$ 白云质粉砂岩、粉砂质白云岩、粉砂岩，$\in_2 s$ 白云岩，$D_3 z$ 白云岩、角砾状白云岩夹灰岩、泥岩，$C_1 y$ 生物碎屑灰岩，$C_1 d^1$ 石英砂岩，$C_1 d^2$ 灰岩、微晶灰岩，C_{2+3} 灰岩、鲕状骨屑灰岩，$P_1 y$ 灰岩、豹皮状骨屑泥晶灰岩夹白云岩，$P_2 \beta$ 玄武岩，N 黏土、砂、砾石、褐煤，Q^{dl} 碎石质粉土、黏土。

隧洞沿线褶皱构造不发育，发育的主要断裂构造有 6 条，Ⅰ级结构面断裂 2 条，Ⅱ级结构面 3 条，主要断层特性如下：

F_9（兔耳关断层）：属 Ⅱ 级结构面，产状 220°∠45°，延伸长度大于 4.7km，波状起伏，破碎带宽约 20.0～60.0m，由糜棱岩、构造角砾岩、断层泥组成。

F_{13}（化龙村断层东支）：属 I 级结构面，产状 $220°\sim240°\angle50°\sim60°$，延伸长度大于 14km，舒缓波状起伏，连续性好，破碎带宽一般 $20.0\sim40.0m$，组成物质以构造角砾岩为主，地层断距 500m 左右，水平断距最大可达 3km。

F_{15}（化龙村断层西支）：属 I 级结构面，产状 $95°\sim105°\angle70°\sim80°$，延伸长度大于 10km，波状起伏，破碎带宽一般 $20\sim30m$，组成物质以碎裂岩、角砾岩、断层泥及糜棱岩为主，地层断距一般 300m，最大达 500m，水平断距达 2km。

隧洞进口段和出口段位于地下水位以上，其余大多数洞段位于地下水位以下。沿线孔隙水、裂隙水和岩溶水均有分布。

隧洞沿线可溶岩分布处于地表分水岭地带，岩溶发育强烈，以敞开式形态为主，暗河、伏流发育，地表多发育大型溶洞、落水洞、洼地、石芽等。根据岩溶发育深度规律隧洞高程分析，大五山隧洞可溶岩洞段处于溶隙发育带，岩溶形态以溶蚀裂隙为主，不同规模溶洞、岩溶管道也有存在。

（3）隧洞开挖段地质概况。超前预报洞段所处位置如图 3.6.5 所示。

大五山隧洞 6 号支洞为斜支洞，隧洞走向 175°。掌子面岩性为 $\in_2 d$ 灰色、灰绿色粉砂岩、泥质粉砂岩，强风化，薄层状，岩层产状：$30°\angle12°$，裂隙极发育，岩体泥化现象严重，围岩呈碎裂—散体状结构，隧洞涌水量大，地下水丰富，掌子面左侧沿炮孔有两股较大的涌水，涌水量约 150L/min，水质清澈，岩体局部有碳化现象。隧洞围岩稳定性极差。

2. 隧洞超前预报成果解译及预报结论

云南水院于 2010 年 2 月 25 日对牛栏江—滇池补水工程输水线路大五山隧洞 6 号支洞进行了地质超前预报，预报里程为 K0+266.8∼K0+337.4。本次地质超前预报采用 TRT6000 地质超前预报系统，在现场布置了 2 个震源断面共 12 个震源点以及 4 个信号接收断面共 10 个信号接收点，震源点和信号接收点呈空间布置。

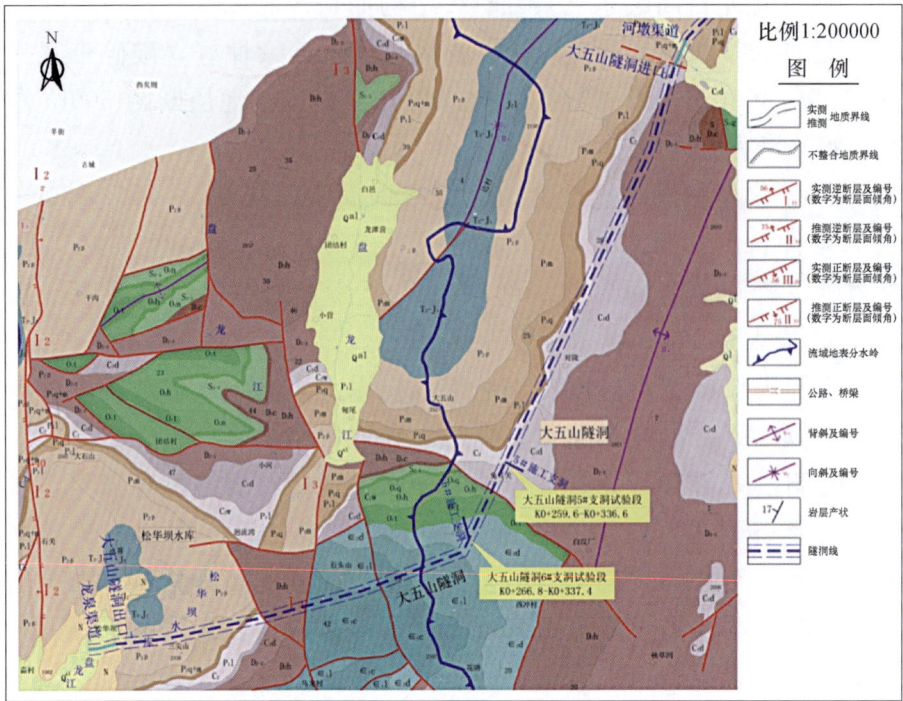

图 3.6.5　大五山隧洞工程地质平面图

地震波反射层析扫描成像图如图 3.6.6 和图 3.6.7 所示，图中掌子面位于 49.4m 处，相应的隧洞里程桩号为 K0+266.8。

结合图像与现场地质情况可以得出如下结论：

K0+266.8～K0+305.0 围岩裂隙极发育，岩体极破碎，且地下水丰富，其中：K0+267.0～K0+276.0 段、K0+285.0～K0+296.0 段的左侧以及 K0+299.0～K0+305.0 段的右侧均为富水体。开挖过程中极易坍塌，且涌水量大，建议采取管棚支护和超前排水措施，防止发生突水、突泥等安全事故。围岩稳定性极差，围岩参考类别为 V 类。

3. 隧洞开挖验证

隧洞开挖过程中，里程 K0+267 以后因遇到富水体，发生大涌水，涌水量约 2000m³/d，由于隧洞为斜洞，隧洞开挖掌子面以后，隧洞掌子面往洞口方向 100 多米已开挖洞段均被水淹没。超前

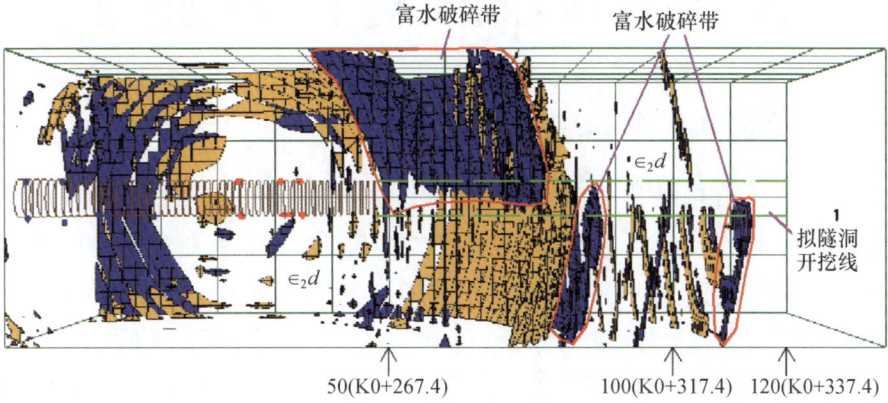

图 3.6.6 大五山隧洞 6 号支洞 K0+266.8～K0+337.4
层析扫描成像俯视图

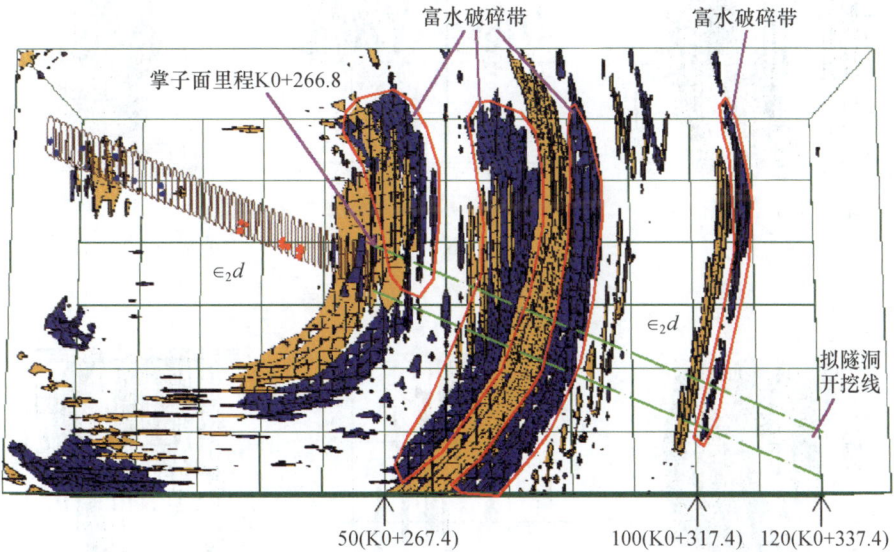

图 3.6.7 大五山隧洞 6 号支洞 K0+266.8～K0+337.4
层析扫描成像侧视图

43

预报结论与开挖揭露情况基本吻合。

3.7　TRT6000 超前探测地下水的图像特征

3.7.1　Ⅲ类围岩洞段的典型图像

为了归纳总结出Ⅲ类围岩洞段 TRT6000 超前探测地下水的图像特征，本节分析了金奎地隧洞、竹园隧洞以及相关工程隧洞的超前预报成果图像，并截取以下Ⅲ类围岩洞段 TRT6000 超前探测地下水的典型图像进行对比分析，如图 3.7.1～图 3.7.30 所示。

通过将图 3.7.1～图 3.7.30 进行对比分析，Ⅲ类围岩洞段的 TRT6000 超前探测图像由地下水引起时，其图像具有如下共同特征：

图像中的正负反射面均较少，且正负反射面相间分布，以负反射面为主，正负反射面连续性较差。

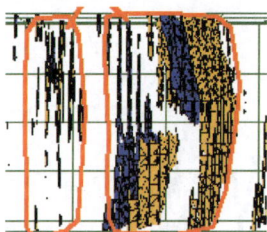

图 3.7.1　金奎地
隧洞 K5＋497～
K5＋569

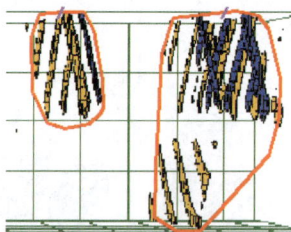

图 3.7.2　金奎地
隧洞 K5＋842～
K5＋795.3

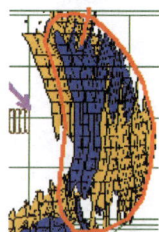

图 3.7.3　金奎地
隧洞 K13＋166～
K13＋150

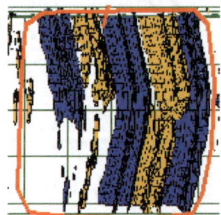

图 3.7.4　金奎地
隧洞 K5＋593～
K5＋632

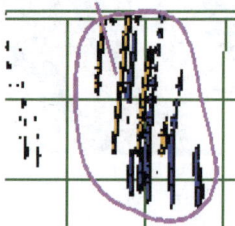

图 3.7.5　金奎地
隧洞 K7＋344～
K7＋324

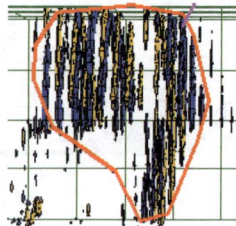

图 3.7.6　金奎地
隧洞 K13＋568～
K13＋538

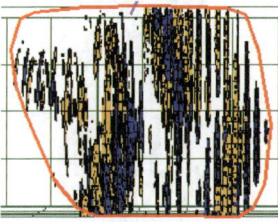

图 3.7.7　金奎地
隧洞 K5＋937～
K5＋881

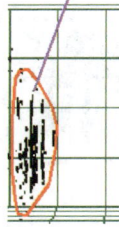

图 3.7.8　金奎地
隧洞 K8＋304.2～
K8＋322.5

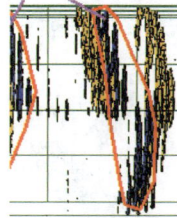

图 3.7.9　金奎地
隧洞 K13＋525～
K13＋507

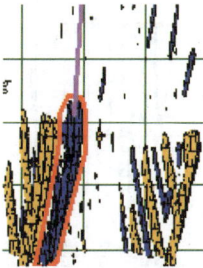

图 3.7.10　金奎地
隧洞 K13＋507～
K13＋438

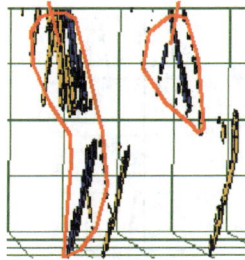

图 3.7.11　金奎地
隧洞 K14＋188～
K14＋240

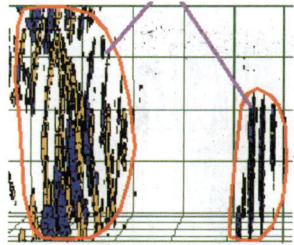

图 3.7.12　金奎地
隧洞 K18＋308～
K18＋451

图 3.7.13　金奎地
隧洞 K13＋438～
K13＋433

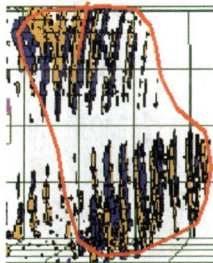

图 3.7.14　金奎地
隧洞 K17＋105～
K17＋087

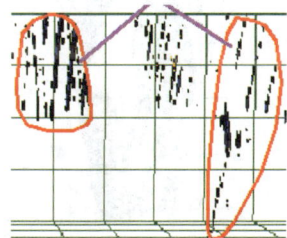

图 3.7.15　金奎地
隧洞 K18＋477～
K18＋524

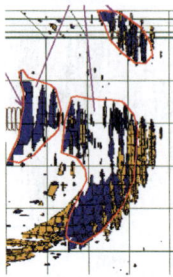

图 3.7.16　金奎地
隧洞 K13+714～
K13+687

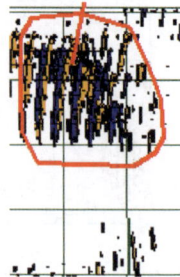

图 3.7.17　金奎地
隧洞 K17+952～
K17+965

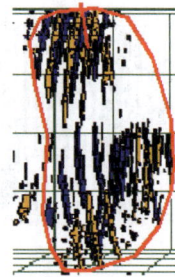

图 3.7.18　金奎地
隧洞 K18+800～
K18+783

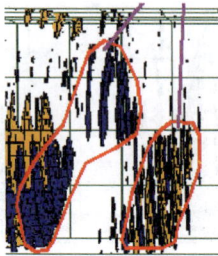

图 3.7.19　金奎地
隧洞 K13+851～
K13+893

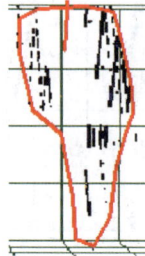

图 3.7.20　金奎地
隧洞 K18+024～
K18+039

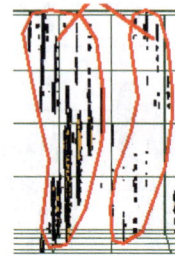

图 3.7.21　金奎地
隧洞 K18+800～
K18+783

图 3.7.22　金奎地
隧洞 K14+003～
K14+013

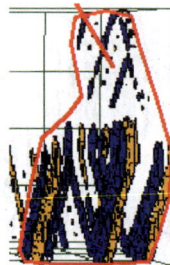

图 3.7.23　金奎地
隧洞 K18+078～
K18+099

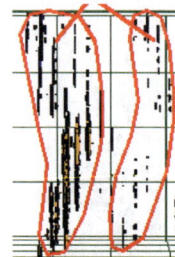

图 3.7.24　金奎地
隧洞 K18+764～
K18+732

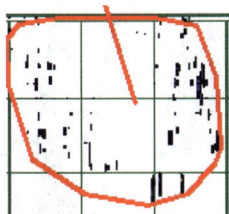

图 3.7.25　金奎地
隧洞 K18＋721～
K18＋698

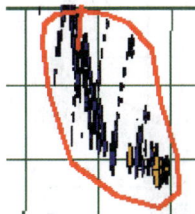

图 3.7.26　金奎地
隧洞 K18＋956～
K18＋936

图 3.7.27　金奎地
隧洞 K19＋200～
K19＋186

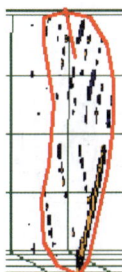

图 3.7.28　金奎地
隧洞 K18＋676～
K18＋666

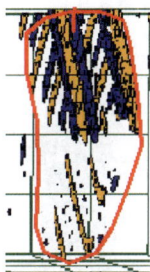

图 3.7.29　金奎地
隧洞 K18＋918～
K18＋898

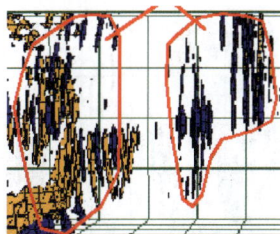

图 3.7.30　金奎地
隧洞 K11＋197～
K11＋154

3.7.2　Ⅳ类围岩洞段的典型图像

为了归纳总结出Ⅳ类围岩洞段 TRT6000 超前探测地下水的图像特征，本节分析了金奎地隧洞、竹园隧洞以及相关工程隧洞的超前预报成果图像，并截取以下Ⅳ类围岩洞段 TRT6000 超前探测地下水的典型图像进行对比分析，如图 3.7.31～图 3.7.69 所示。

通过将图 3.7.31～图 3.7.69 进行对比分析，Ⅳ类围岩洞段的 TRT6000 超前探测图像由地下水引起时，其图像具有如下共同特征：

图像中的正负反射面均较多，且正负反射面相间分布，以负反射面为主，正负反射面具有一定连续性。

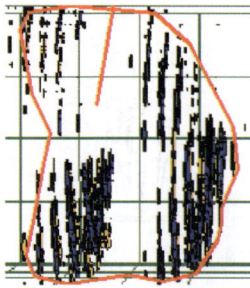

图 3.7.31　金奎地
隧洞 K5＋680～
K5＋705

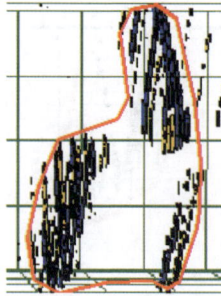

图 3.7.32　金奎地
隧洞 K5＋755～
K5＋775

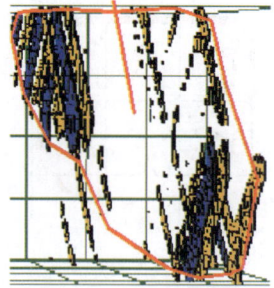

图 3.7.33　金奎地
隧洞 K5＋790～
K5＋820

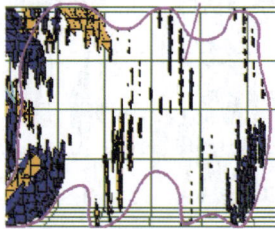

图 3.7.34　金奎地
隧洞 K7＋414～
K7＋359

图 3.7.35　金奎地
隧洞 K8＋608～
K8＋618

图 3.7.36　金奎地
隧洞 K19＋036～
K19＋023

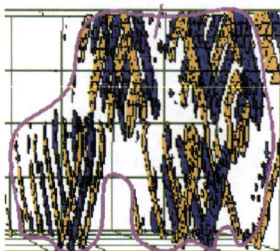

图 3.7.37　金奎地
隧洞 K8＋233～
K8＋273.2

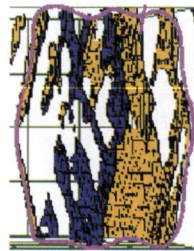

图 3.7.38　金奎地
隧洞 K8＋628～
K8＋653.5

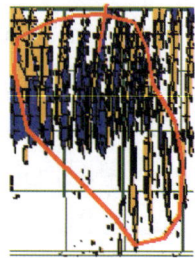

图 3.7.39　金奎地
隧洞 K19＋235～
K19＋206

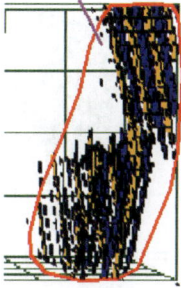

图 3.7.40 金奎地
隧洞 K8＋402～
K8＋412.5

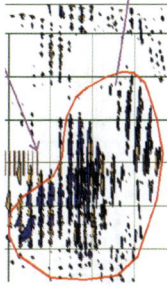

图 3.7.41 金奎地
隧洞 K9＋578～
K9＋615

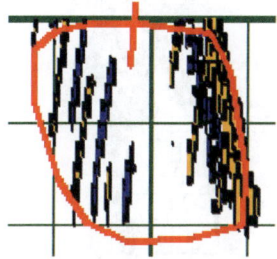

图 3.7.42 金奎地
隧洞 K19＋137～
K19＋119

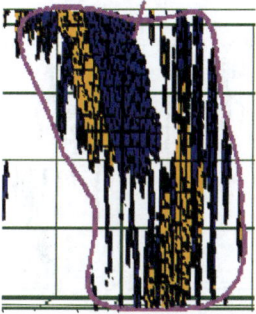

图 3.7.43 金奎地
隧洞 K8＋515～
K8＋553

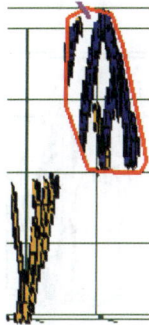

图 3.7.44 金奎地
隧洞 K13＋253～
K13＋243

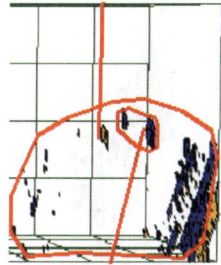

图 3.7.45 金奎地
隧洞 K19＋100～
K19＋076

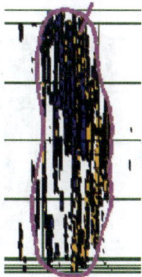

图 3.7.46 金奎地
隧洞 K8＋563～
K8＋571

图 3.7.47 金奎地
隧洞 K19＋052～
K19＋038

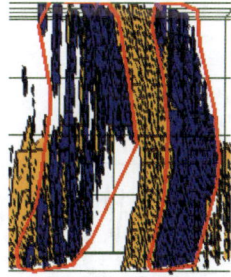

图 3.7.48 金奎地
隧洞 K19＋468～
K19＋435

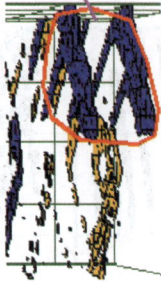

图 3.7.49　金奎地
隧洞 K19＋355～
K19＋345

图 3.7.50　金奎地
隧洞 K16＋198～
K16＋205

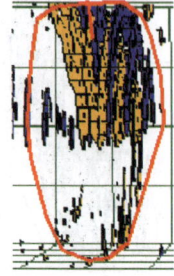

图 3.7.51　金奎地
隧洞 K14＋295～
K14＋314

图 3.7.52　金奎地
隧洞 K17＋463～
K17＋449

图 3.7.53　金奎地
隧洞 K16＋230～
K16＋250

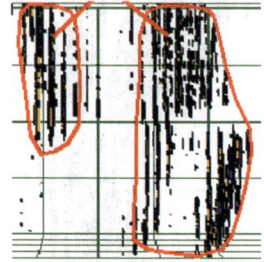

图 3.7.54　金奎地
隧洞 K14＋334～
K14＋370

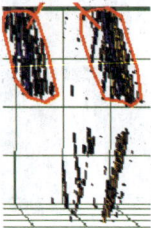

图 3.7.55　金奎地
隧洞 K17＋240～
K17＋213

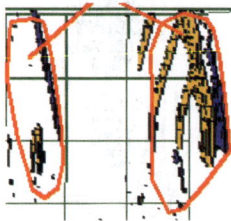

图 3.7.56　金奎地
隧洞 K16＋260～
K16＋289

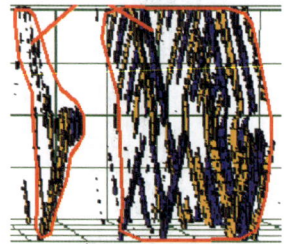

图 3.7.57　金奎地
隧洞 K14＋390～
K14＋430

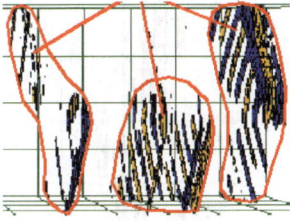

图 3.7.58 金奎地
隧洞 K17+013～
K16+959

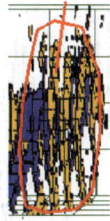

图 3.7.59 金奎地
隧洞 K16+318～
K16+330

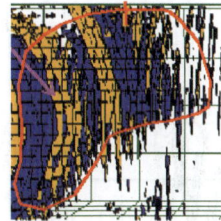

图 3.7.60 金奎地
隧洞 K15+543～
K15+517

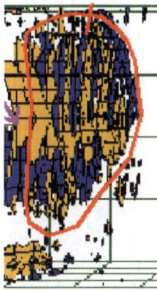

图 3.7.61 金奎地
隧洞 K16+136～
K16+145

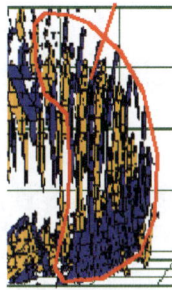

图 3.7.62 金奎地
隧洞 K14+081～
K14+107

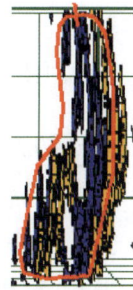

图 3.7.63 金奎地
隧洞 K15+474～
K15+462

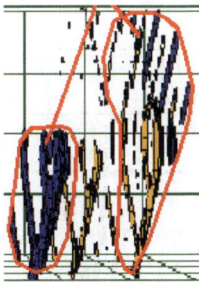

图 3.7.64 金奎地
隧洞 K15+442～
K15+419

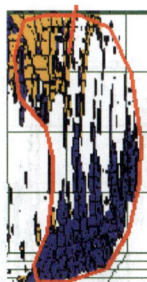

图 3.7.65 竹园
隧洞 K19+770～
K19+782

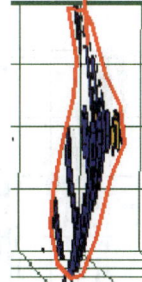

图 3.7.66 竹园
隧洞 K19+855～
K19+866

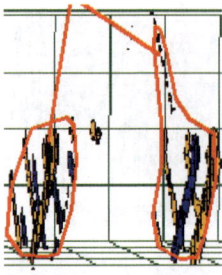

图 3.7.67　金奎地
隧洞 K11＋087～
K11＋050

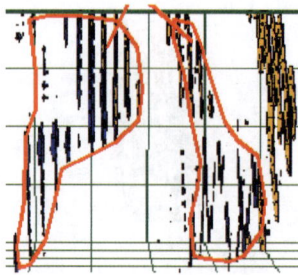

图 3.7.68　竹园
隧洞 K19＋782～
K19＋855

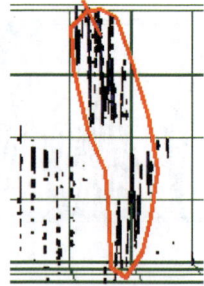

图 3.7.69　竹园
隧洞 K19＋973～
K19＋981

3.7.3　Ⅴ类围岩洞段的典型图像

为了归纳总结出 Ⅴ 类围岩洞段 TRT6000 超前探测地下水的图像特征，本节分析了金奎地隧洞、竹园隧洞以及相关工程隧洞的超前预报成果图像，并截取以下 Ⅴ 类围岩洞段 TRT6000 超前探测地下水的典型图像进行对比分析，如图 3.7.70～图 3.7.140 所示。

通过将图 3.7.70～图 3.7.140 进行对比分析，Ⅴ 类围岩洞段的 TRT6000 超前探测图像由地下水引起时，其图像具有如下共同特征：

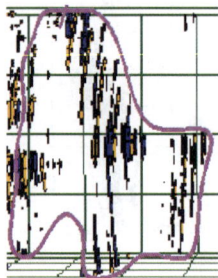

图 3.7.70　金奎地
隧洞 K8＋123～
K8＋154

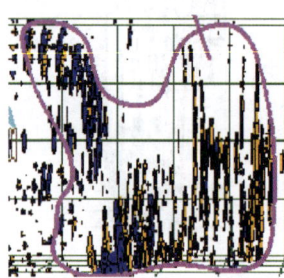

图 3.7.71　金奎地
隧洞 K9＋230～
K9＋199

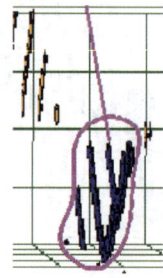

图 3.7.72　金奎地
隧洞 K9＋140～
K9＋131

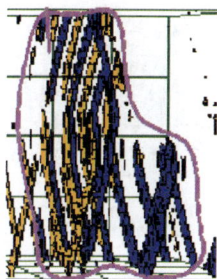

图 3.7.73　金奎地
隧洞 K9＋125～
K9＋085

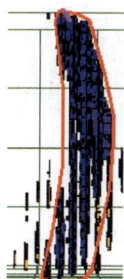

图 3.7.74　金奎地
隧洞 K13＋305～
K13＋297

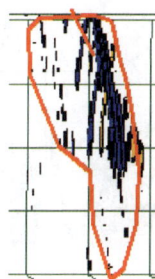

图 3.7.75　金奎地
隧洞 K16＋411～
K16＋431

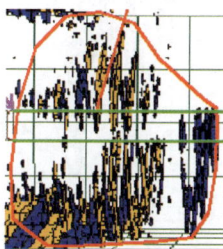

图 3.7.76　金奎地
隧洞 K9＋939.3～
K9＋903

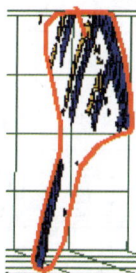

图 3.7.77　金奎地
隧洞 K13＋038～
K13＋020

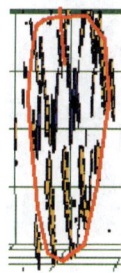

图 3.7.78　金奎地
隧洞 K17＋300～
K17＋293

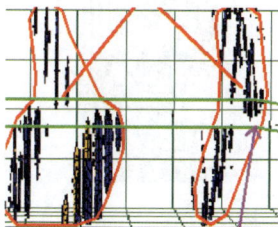

图 3.7.79　金奎地
隧洞 K9＋889～
K9＋843

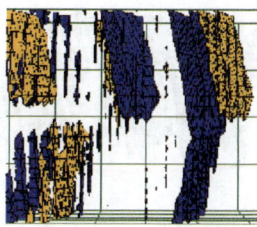

图 3.7.80　金奎地
隧洞 K15＋854～
K15＋781

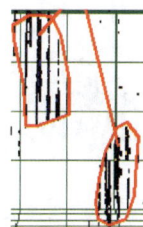

图 3.7.81　金奎地
隧洞 K17＋276～
K17＋257

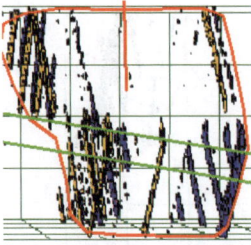

图 3.7.82　金奎地
隧洞 K9＋828～
K9＋791

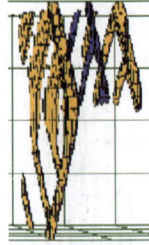

图 3.7.83　金奎地
隧洞 K15＋729～
K15＋697

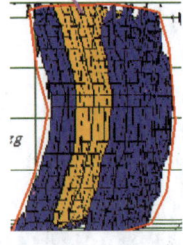

图 3.7.84　金奎地
隧洞 K17＋519～
K17＋493

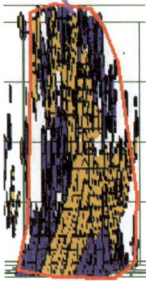

图 3.7.85　金奎地
隧洞 K13＋353～
K13＋305

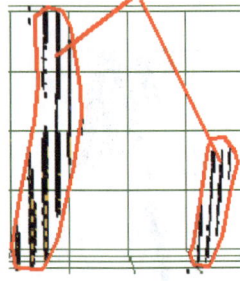

图 3.7.86　金奎地
隧洞 K16＋361～
K16＋401

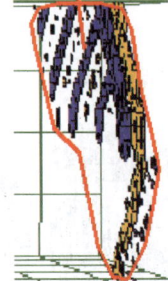

图 3.7.87　金奎地
隧洞 K18＋651～
K18＋644

图 3.7.88　金奎地
隧洞 K10＋114～
K10＋098

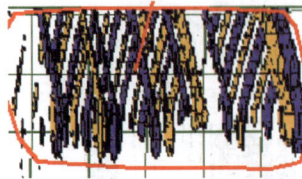

图 3.7.89　金奎地
隧洞 K10＋531～
K10＋489.2

图 3.7.90　金奎地
隧洞 K12＋150～
K12＋210

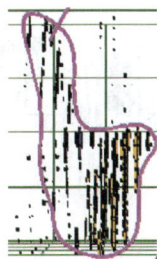

图 3.7.91 金奎地
隧洞 K10＋078～
K10＋058

图 3.7.92 金奎地
隧洞 K10＋890～
K10＋880

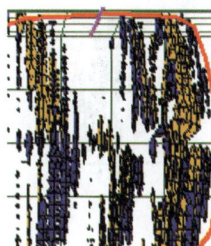

图 3.7.93 金奎地
隧洞 K14＋567～
K14＋651

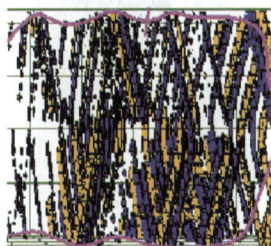

图 3.7.94 金奎地
隧洞 K10＋048～
K9＋973

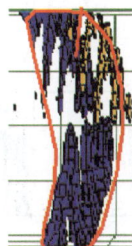

图 3.7.95 金奎地
隧洞 K10＋867～
K10＋858

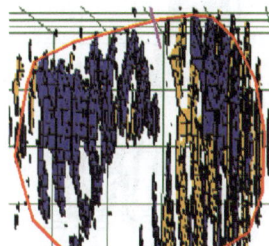

图 3.7.96 金奎地
隧洞 K16＋605～
K16＋652

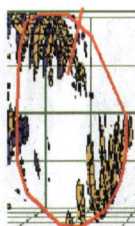

图 3.7.97 金奎地
隧洞 K10＋637～
K10＋621

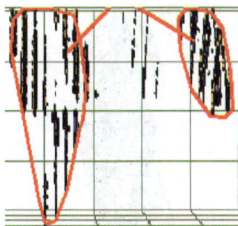

图 3.7.98 金奎地
隧洞 K10＋834～
K10＋795

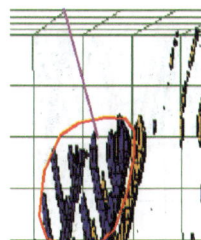

图 3.7.99 金奎地
隧洞 K16＋713～
K16＋745

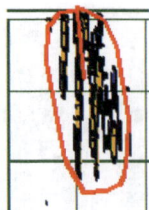

图 3.7.100　金奎地
隧洞 K10＋569～
K10＋564

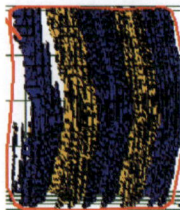

图 3.7.101　金奎地
隧洞 K11＋931～
K12＋002

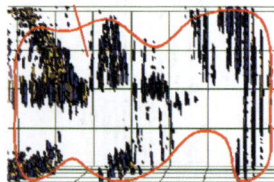

图 3.7.102　金奎地
隧洞 K9＋083.2～
K9＋018

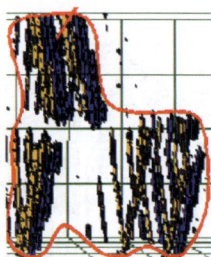

图 3.7.103　金奎地
隧洞 K9＋083.2～
K9＋018

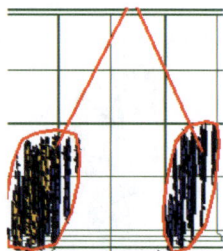

图 3.7.104　金奎地
隧洞 K11＋407～
K11＋447

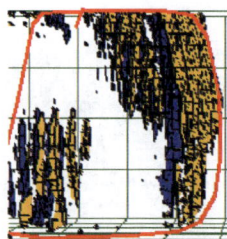

图 3.7.105　金奎地
隧洞 K12＋033～
K12＋068

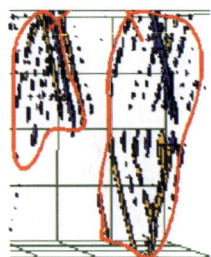

图 3.7.106　金奎地
隧洞 K8＋956～
K8＋926

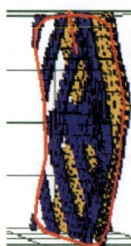

图 3.7.107　金奎地
隧洞 K11＋518～
K11＋527

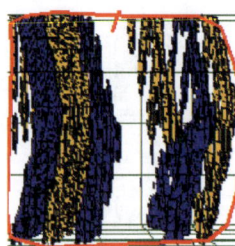

图 3.7.108　金奎地
隧洞 K12＋080～
K12＋128

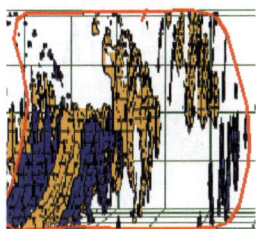

图 3.7.109　金奎地
隧洞 K10＋279～
K10＋240

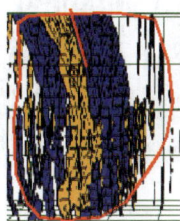

图 3.7.110　金奎地
隧洞 K11＋631～
K11＋660

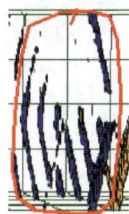

图 3.7.111　金奎地
隧洞 K12＋145～
K12＋170

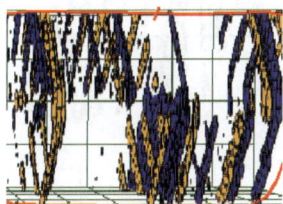

图 3.7.112　金奎地
隧洞 K10＋197～
K10＋127.3

图 3.7.113　金奎地
隧洞 K11＋691～
K11＋721

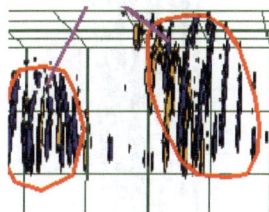

图 3.7.114　金奎地
隧洞 K12＋961～
K12＋901

图 3.7.115　金奎地
隧洞 K11＋377～
K11＋397

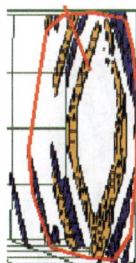

图 3.7.116　金奎地
隧洞 K11＋759～
K11＋769

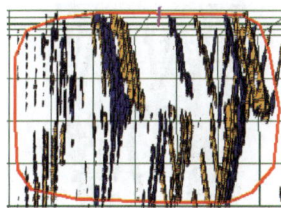

图 3.7.117　金奎地
隧洞 K12＋901～
K12＋836

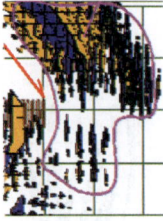

图 3.7.118　金奎地
隧洞 K8+935.6～
K8+916

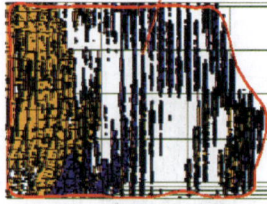

图 3.7.119　金奎地
隧洞 K12+632～
K12+575

图 3.7.120　竹园
隧洞 K19+894～
K19+905

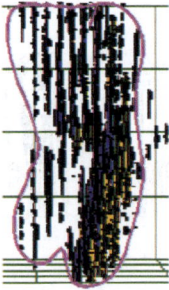

图 3.7.121　金奎地
隧洞 K8+897～
K8+880

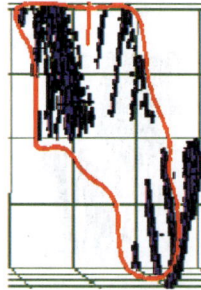

图 3.7.122　金奎地
隧洞 K12+554～
K12+534

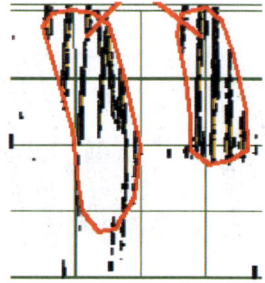

图 3.7.123　竹园
隧洞 K19+935～
K19+955

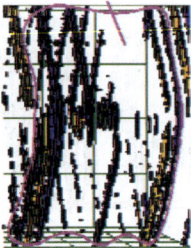

图 3.7.124　金奎地
隧洞 K8+860～
K8+827.6

图 3.7.125　竹园
隧洞 K19+906～
K19+909

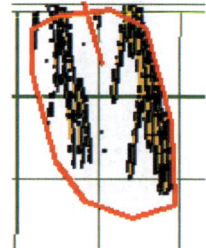

图 3.7.126　竹园
隧洞 K19+999～
K20+019

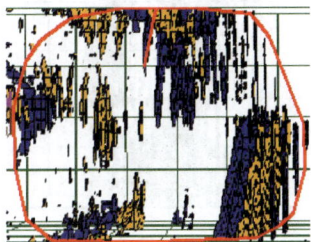

图 3.7.127　金奎地
隧洞 K11＋796～
K11＋856

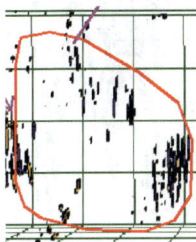

图 3.7.128　竹园
隧洞 K20＋223～
K20＋255

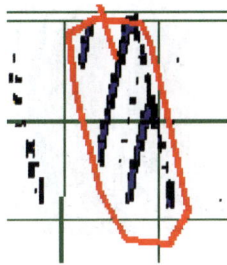

图 3.7.129　竹园
隧洞 K20＋029～
K20＋042

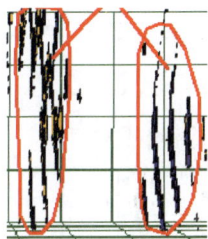

图 3.7.130　金奎地
隧洞 K11＋881～
K11＋914

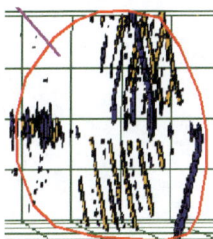

图 3.7.131　竹园
隧洞 K20＋294～
K20＋374

图 3.7.132　金奎地
隧洞 6 号支洞
K0＋150～K0＋170

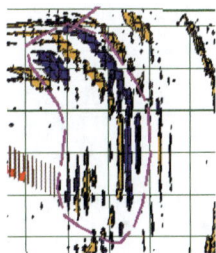

图 3.7.133　金奎地隧洞
4 号支洞 K0＋128.7～
K0＋151.4

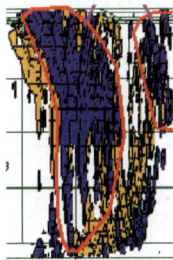

图 3.7.134　大公山
隧洞 K48＋605～
K48＋615

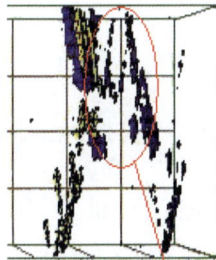

图 3.7.135　六道沟
隧道掌子面前方
110～130m

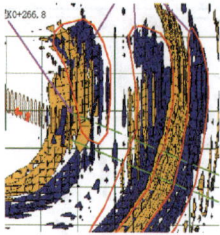

图 3.7.136　大五山
隧洞 6 号支洞
K0＋267〜K0＋305

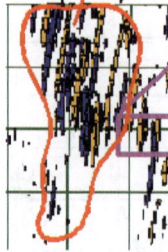

图 3.7.137　泵站引水
隧洞 K2＋470〜
K2＋483

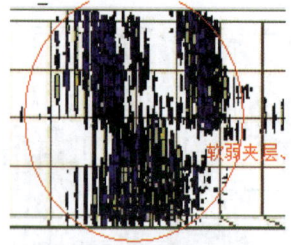

图 3.7.138　南芬隧道
掌子面前方
60〜100m

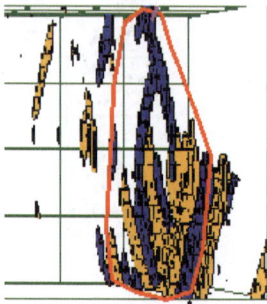

图 3.7.139　大公山
隧洞 K48＋025〜
K48＋010.8

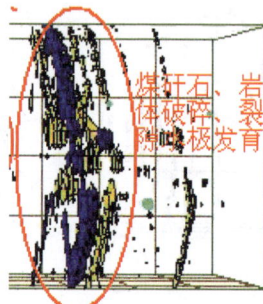

图 3.7.140　罗布隧道
掌子面前方
115〜130m

图像中的正负反射面均较多，且正负反射面相间分布，以负反射面为主，正负反射面连续性相对较好。

3.7.4　TRT6000 超前探测地下水的图像特征

通过对Ⅲ类、Ⅳ类、Ⅴ类围岩中地下水的图像进行对比分析，可以得出如下结论：

（1）Ⅲ类围岩洞段的 TRT6000 超前探测图像由地下水引起时，图像中的正负反射面均较少，且正负反射面相间分布，以负反射面为主，正负反射面连续性较差。

（2）Ⅳ类围岩洞段的 TRT6000 超前探测图像由地下水引起

时，图像中的正负反射面均较多，且正负反射面相间分布，以负反射面为主，正负反射面具有一定连续性。

（3）Ⅴ类围岩洞段的 TRT6000 超前探测图像由地下水引起时，图像中的正负反射面均较多，且正负反射面相间分布，以负反射面为主，正负反射面连续性相对较好。

综上所述，对于 TRT6000 探测图像由地下水引起，其图像特征：若岩体内节理裂隙不发育，则反射带内正负发射面均较少，正负反射面相间分布，以负反射面为主，反射面连续性较差；若岩体内节理裂隙发育，则反射带内正负发射面均较多，正负反射面相间分布，以负反射面为主，反射面连续性较好。

第4章 TRT6000在隧洞工程空腔超前预报中的应用

隧洞工程中常见的空腔主要有岩溶空腔和采空区，二者的形成、特征存在本质的区别，但其对工程的影响亦存在一定的共性。

4.1 空腔对隧洞工程的危害

空腔对隧洞工程的危害主要有以下几方面：

（1）空腔塌陷。空腔塌陷是指岩溶空腔、采空区上面的覆盖层在人为因素或自然作用下引起变形破坏，向隐伏在其下的空腔塌落，并在地表形成塌坑的一种动力地质作用与现象。空腔塌陷的主要原因有：

1）地震和人为振动，地震波释放的应变能以弹性波的形式向外传播，地震波产生的地震力可使空腔和隧洞之间的岩柱受到破坏，从而造成塌陷。人为振动如车辆、采矿爆破和机械振动等，虽然它们量级远比地震小，但这些振动都能产生使空腔覆盖层破坏的动力，在长时间累积的情况下也可能诱发塌陷。

2）地下水的活动，地下水的活动可能诱发和促进空腔塌陷的形成。地下水的作用主要由两个因素引起，一是隧洞开挖改变地下水的水动力条件，表现为水位的流速、升降、流量和水力坡度的变化；二是大气降水引起地表水增多，加速了地下水的补给。

3）重力和加载，在岩、土洞体初始形成后，其稳定性主要取决于洞体顶板以上岩土体的重力与其围岩的摩阻力的平衡关系，当摩阻力大于或等于重力时，洞体处于稳定状态，洞体顶板围岩强度受岩溶水的影响，强度逐渐降低，围岩摩阻力也随着减小，当围岩摩阻力小于顶板岩体自重时，就产生失稳塌陷。重力在突发塌陷形成的初始阶段起了重要作用，当土洞顶板处于接近极限平衡状态时，加载作用往往造成土洞顶板的失稳破坏，导致塌陷。

空腔塌陷危害比较大，常常导致隧洞停工，地表建筑物被毁坏，甚至造成人员伤亡。例如广西玉林长期干旱，在 1981 年产生400 多个塌坑，使 100 多亩农田和一些房屋、道路被毁坏。张花高速舒家湾隧道进口采用短台阶法已初期支护 70m，继续向前掘进，掘进至 ZK27＋634，在隧洞左侧边墙发现一个大溶洞，随即发生塌方，直至地表，塌方规模近 2700m³，造成两人受伤，隧洞被迫停工将近一个月。

（2）空腔对隧洞施工的影响：

1）当隧洞顶部发育空腔时，空腔周围岩体易坍塌，给隧洞施工安全带来很大的影响，且洞穴处理困难。

2）空腔位于隧洞底部，首先给隧洞施工车辆带来影响，当溶洞很深且充填物为软土时，溶洞的处理比较困难，尤其是当隧洞底部出现暗河时，这将严重影响施工工期及隧洞结构的稳定。

3）空腔周围的岩质一般较破碎，在隧洞施工过程中经常发生坍方，如果遇到突泥、突水，大量的泥沙夹水涌入隧洞，掩埋施工台车机械，不但影响施工工期，甚至高压的水流会造成人员伤亡。另外，含水充填物的空腔对隧洞的影响也是巨大的，当隧洞挖至空腔边缘时，地下水会涌入隧洞，随即充填物也会不断涌入隧洞内，造成隧洞周边位移增大，甚至造成地表开裂、下沉，引发山体滑坡。

4）空腔将导致围岩应力分布不均匀，这将影响隧洞支护结构开裂，甚至引起隧洞塌方。

5）空腔的处治，特别是大型空腔的处治，不但会制约工程进度和造成工程投资的增加，甚至危及施工人员和机械设备的安全。

（3）空腔对隧洞后期运营的影响。在存在岩溶空腔、采空区的地区修建的隧洞，由于空腔的存在，使建筑物全部或部分悬空，降低了隧洞的使用可靠度，给隧洞后期运营带来巨大的影响。

4.2　岩溶空腔基本地质特征

4.2.1　岩溶空腔的分布规律

（1）岩溶发育的呈层性。地壳的上升、停顿与岩溶水的变迁等都会影响岩溶的发育，因此，不同岩溶时期发育着不同的岩溶形态，也就形成了区域上岩溶发育的呈层性特点。

（2）岩溶发育的不均匀性。不同的岩层组合、地质构造和水动力条件等都会对岩溶的发育产生影响，这表明岩溶在对构造部位、地貌单元和地层层位有着极鲜明的选择性，从而导致岩溶分布极不均一。在地貌上，斜坡地带发育的岩溶个体形态数量少、规模小，这是因为斜坡上的水不能汇集。岩溶更集中发育在槽谷洼地中，岩溶洞穴、落水洞等比较发育，而在槽谷洼地中又集中发育于其中心部位；从构造上看，岩溶集中发育于断裂带和岩性变化带附近。

（3）岩溶发育具有系统性。岩溶发育与地下水运动有密切的关系。地下水不断得到补给，在径流过程中对岩体不断地溶蚀，使岩溶不断发育，形成溶隙和溶洞、岩溶管道。当地下溶洞形成后，地下水不断向岩溶管道集中。因此，从补给区、径流区到排泄区岩溶发育具有系统性，与地表水系统一样，具有干流、支流之分，共同构成具有密切水力联系的地下水系统。

（4）岩溶发育的向深性。岩溶发育的向深性指岩溶急剧向地壳深处发育的特性，岩溶水在压力水头、水力坡度，尤其是水重力的作用下有不断向深层运移的趋势，因此，在水具有侵蚀性前提下，岩溶也具有向深层发育的趋势，并在厚层隔水底板及排泄基准面附近形成岩溶较发育带。在新构造运动作用下，地壳大面积间歇性强烈上升，侵蚀基准面也随之急剧下切，地下水为适应不断下降的排泄基准面，则急剧向深部径流，将岩溶化地面切割得支离破碎，形成洼地、溶蚀沟谷、落水洞，漏斗等现象。充分说明了岩溶发育向深性特点。同时，部分地下河洞穴管道为适应不同时期的侵蚀基准面而导致洞穴的多层性，也是岩溶发育向深性的直接反映。

4.2.2 隧洞开挖揭露岩溶空腔的随机性

尽管岩溶发育在区域上和垂直剖面上都有一定规律，但隧洞开挖揭露岩溶的可能性却是随机的。

4.2.3 岩溶空腔形态的不规则性

在宏观上，岩溶发育分布是有规律可循的，岩溶发育分布的形态又是各异的。

岩溶形态可分为两大类：岩溶个体形态和岩溶组合形态。

（1）岩溶个体形态：溶隙、溶沟与石芽、落水洞与塌陷、漏斗与洼地、岩溶谷地、峰林与溶丘、暗河（地下河）、溶洞、干谷与盲谷、岩溶泉以及洞穴次生沉积物形成的各种岩溶形态。

（2）岩溶组合形态：孤峰平原区、溶洼地区、峰林谷地区、山地河谷区、陇岗槽谷区等。

4.3 采空区基本地质特征

自 20 世纪末以来，我国矿业开采秩序较为混乱，非法无序的乱采滥挖在一些矿山及其周边留下了大量的采空区，这是影响目前矿山安全生产的主要危害源之一。如河南栾川钼矿、广西大厂矿区、甘肃厂坝铅锌矿、铜陵狮子山铜矿、云南兰坪铅锌矿、广东大宝山矿、湖南柿竹园矿等许多矿山都存在大量的采空区，致使矿山开采条件恶化，引起矿柱变形、相邻作业区采场和巷道维护困难、井下大面积冒落、地表塌陷等，更为严重的是采空区突然垮塌的高速气流和冲击波造成的人员伤亡和设备破坏，这些都给矿山安全生产构成严重威胁，并造成环境恶化、矿产资源严重浪费。

由于上述原因，致使我国地下采空区具有隐伏性强、空间分布特征规律性差、采空区顶板冒落塌陷情况难以预测等特点。

随着矿山向深部开采，地压增大，地下采空区在强大的地压下，容易发生坍塌事故，尤其对地下转露天开采的矿山影响很大；地下开采残留大量的采场、洞室、巷道没有进行及时处理，对露天开采带来了严重的隐患，同时给矿山工作人员和设备构成严重的威胁。

4.4　空腔的地震波特征

空腔是形态变化较大，内部结构较为复杂的地质单元，其空间形态和内部结构在 TRT6000 隧洞超前地质预报中采用地震波场分析的技术进行分析解释。

地震波场是地下地质体总的地震响应，空腔在 TRT6000 隧洞超前地质预报成果中会形成由特殊波组成的地震波场，这些特殊波在 TRT6000 隧洞超前地质预报成果中的空间分布、回声时间大小、振幅强弱、同相轴的连续性等是它们的重要标志。

空腔的反射振幅一般较弱、反射连续性较差，内部反结构在无充填时为无反射，在有充填时为杂乱，单元外形为独立的类球形或圆柱形。在地震波场中组成空腔地震波场的特殊波主要有回转波、发散波和绕射波等。

回转波是一种在 TRT6000 隧洞超前地质预报成果中反射点位置和接收点位置相互倒置的地震波，它有如下特点：

（1）呈"蝴蝶结"的几何形态，它的回转范围与空腔距离掌子面的长度和空腔大小有关，距离越远，回转区越大，反之越小。

（2）回转波切点处振幅较强，向两边逐渐减弱。

发散波是由于空腔的形态如同凸面镜一样，对能量具有扩散作用而形成的。它具有如下特点：

（1）对于较大的空腔，在 TRT6000 隧洞超前地质预报成果中形态与实际相接近，范围比实际稍宽，较小的空腔，则形态比实际宽阔得多，而发散幅度比实际稍缓。

（2）空腔对能量的扩散作用随着空腔越小，距离掌子面的距离越远越严重，地震波的振幅也越小。

在空腔的端点处会产生绕射波，绕射波在 TRT6000 隧洞超前地质预报成果中具有如下特点：

（1）几何形态为双曲线。

（2）在绕射点处能量较强，然后向两侧变弱。

（3）空腔端点的切面与该端点产生的绕射波在绕射点相切。

4.5　TRT6000 超前探测空腔的工程实例

4.5.1　实例一：金奎地隧洞 K9＋568.5～K9＋638.7

1. 工程地质概况

金奎地隧洞的区域构造稳定性及地震动参数、隧洞基本地质条件详见 3.6.1 节。

隧洞开挖段地质概况如下：

本洞段前后进行了两次超前地质预报，试验段所处位置详见图 3.6.1。

2011 年 12 月 8 日进行第一次超前地质预报，隧洞掌子面里程为 K9＋568.5，隧洞掘进方向 214°，洞段埋深约 140～150m，测试段洞壁为 S_3g 深灰、灰黑色灰岩，中厚层状，弱风化，裂隙弱发育，岩体完整性较好，岩层产状 284°∠30°。隧洞掘进至前方发生了突泥事故，突出松散体总体积约 6000m³，松散体物质成份以散砂为主，夹灰岩、泥灰岩、泥岩块体，目前测试段所在位置沿堆积体右上侧有股状涌水，涌水量约 30L/s，水质混浊。

2012 年 3 月 2 日进行第二次超前地质预报，隧洞掌子面里程为 K9＋586.0，隧洞掘进方向 214°，洞段埋深约 140～150m，测试段洞壁为 S_3g 深灰、灰黑色灰岩，中厚层状，弱风化，裂隙弱发育，岩体完整性较好，岩层产状 284°∠30°。隧洞掘进至前方 K9＋593 附近再次发生了突泥事故，松散体物质成份以散砂为主，夹灰岩、泥灰岩、泥岩块体。

2. 隧洞超前预报成果解译及预报结论

（1）第一次超前预报。2011 年 12 月 8 日，第一次超前地质预报地震波反射层析扫描成像图如图 4.5.1～图 4.5.3 所示，图中掌子面位于 35.2m 处，对应的建筑物里程桩号为 K9+568.5。

在图 4.5.1～图 4.5.3 中已开挖隧洞前上部分布有能量较强、弧度较大的呈"蝴蝶结"几何形态的回转波，同时，在回转波上部和隧洞前方 25m 附近分布有几何形态为双曲面绕射波。在这些回转波和绕射波所包围的区域内底部为能量较强而杂乱的反射波，中部为能量相对较弱而形态为点片状的反射波，上部无反射波。

结合图像与现场地质情况可以得出如下结论：

K9+568.5～K9+593.2 段，该洞段为松散堆积体，结构松散、饱水状态。围岩稳定性极差，围岩参考类别为Ⅴ类。从图像分析，该洞段右上方发育有岩溶空腔，空腔为充填状态，该空腔内堆积体应为目前突泥的物质来源。

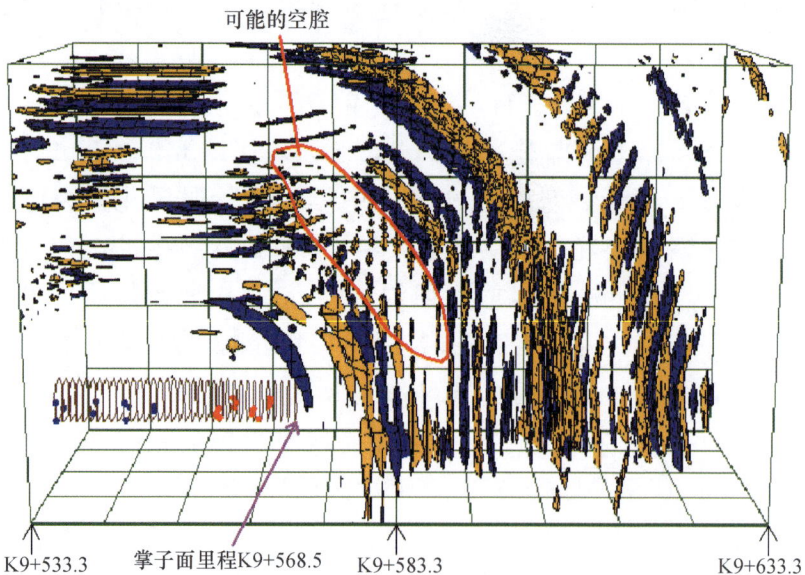

图 4.5.1　金奎地隧洞 K9+533.3～K9+633.3 层析扫描成像右侧视图

68

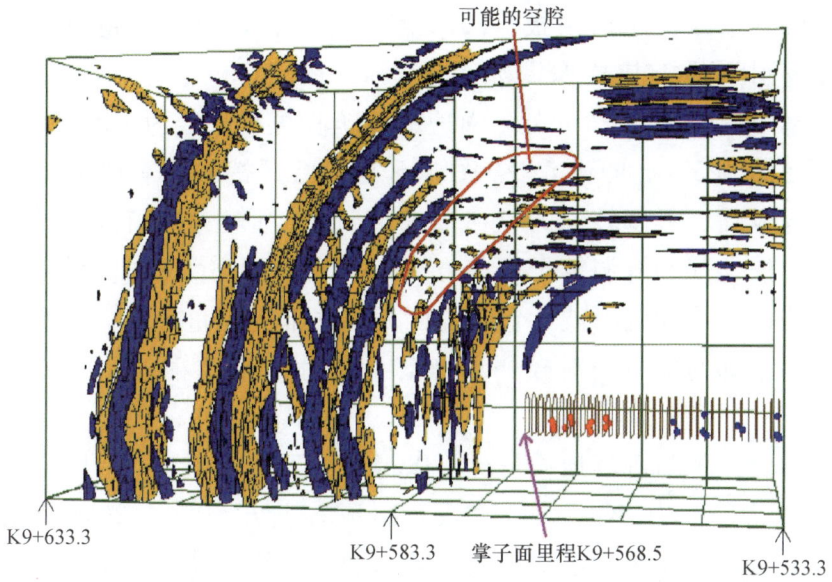

可能的空腔

K9+633.3

K9+583.3 掌子面里程K9+568.5

K9+533.3

图 4.5.2 金奎地隧洞 K9+633.3～K9+533.3 层析扫描成像左侧视图

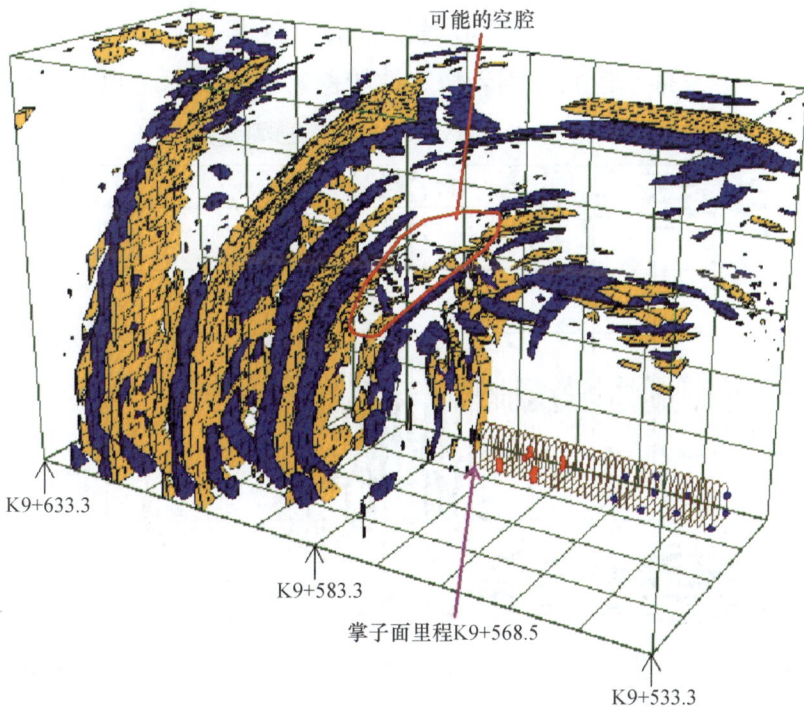

可能的空腔

K9+633.3

K9+583.3

掌子面里程K9+568.5

K9+533.3

图 4.5.3 金奎地隧洞 K9+633.3～K9+533.3 层析扫描成像空间展示图

（2）第二次超前预报。2012 年 3 月 2 日，第二次超前预报地震波反射层析扫描成像图如图 4.5.4、图 4.5.5、图 4.5.6 所示，图中掌子面位于 47.3m 处，对应的建筑物里程桩号为 K9＋586.0。

在图 4.5.4、图 4.5.5、图 4.5.6 中已开挖隧洞右侧上部分布有能量较强、弧度较大的呈"蝴蝶结"几何形态的回转波，同时，在回转波上部和隧洞掌子面前方分布有几何形态为双曲面绕射波。在这些回转波和绕射波所包围的区域内底部为能量较强而杂乱的反射波，中部为能量相对较弱而形态为点片状的反射波，上部无反射波。

结合图像与现场地质情况可以得出如下结论：

K9＋586.0～K9＋593.0 段，洞顶右上方约 10～20m 范围内图像异常，可能为岩溶空腔及空腔内的松散堆积体，结构松散，饱水状态。围岩稳定性极差，围岩参考类别为 V 类。

K9＋593.0～K9＋615.0 段，该洞段为富水破碎带，裂隙发育，岩体呈碎裂结构。开挖中易坍塌，涌水量较大，须进行超前加固，并做好支护及排水措施。围岩稳定性较差，围岩参考类别为 V 类。

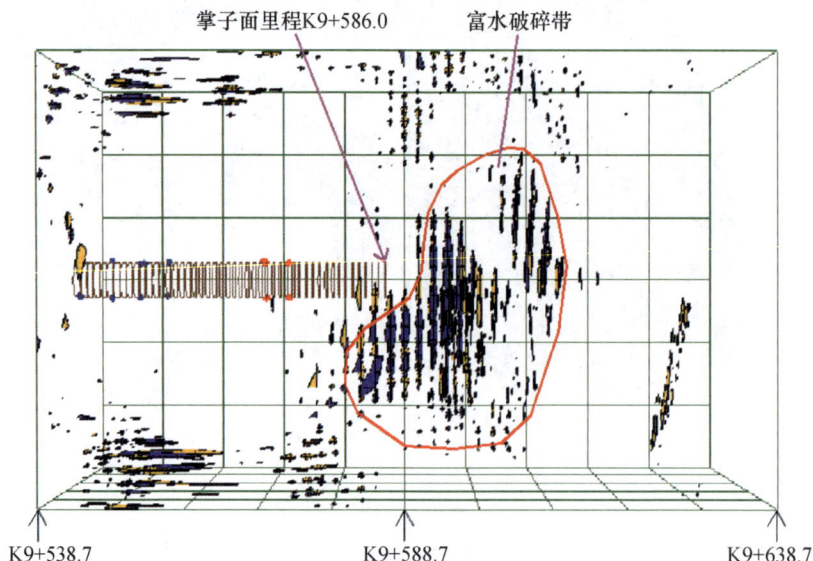

图 4.5.4　金奎地隧洞 K9＋538.7～K9＋638.7 层析扫描成像俯视图

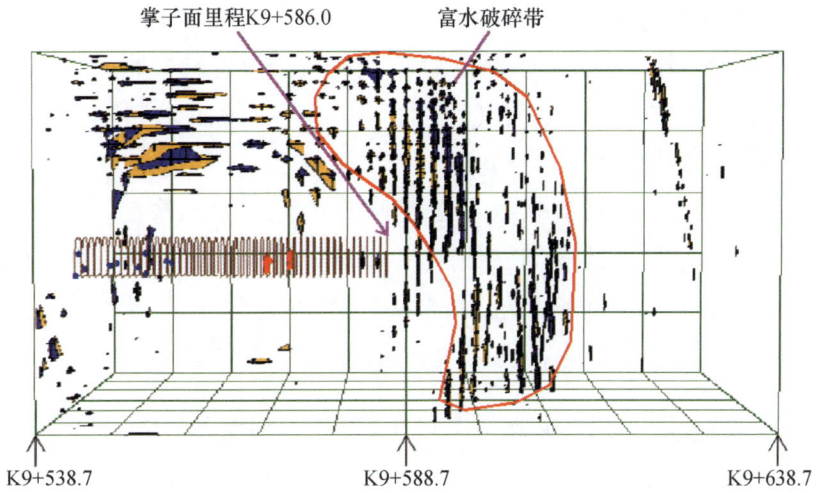

掌子面里程K9+586.0   富水破碎带

K9+538.7   K9+588.7   K9+638.7

图 4.5.5   金奎地隧洞 K9＋538.7～K9＋638.7 层析扫描成像侧视图

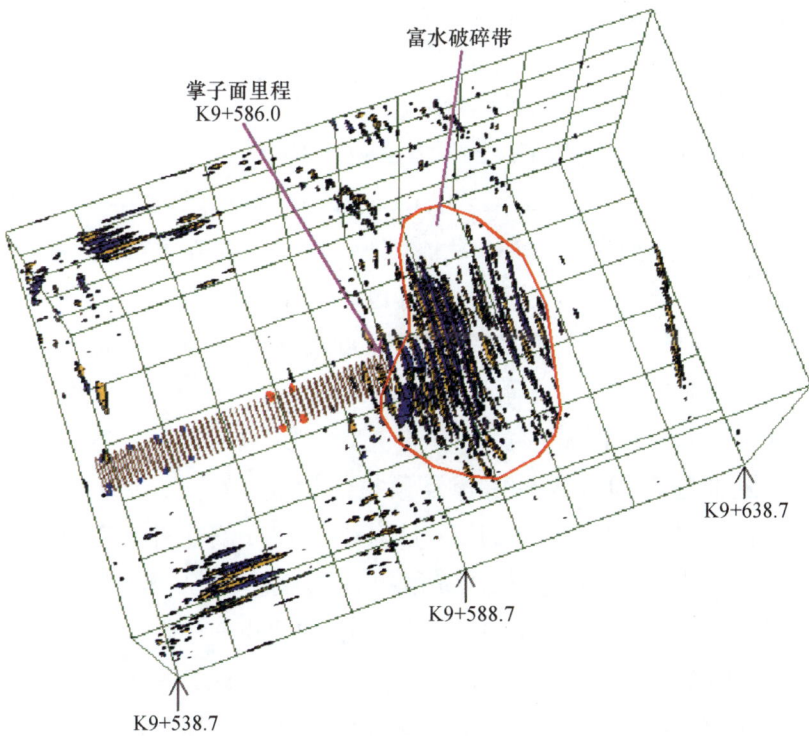

富水破碎带

掌子面里程
K9+586.0

K9+638.7

K9+588.7

K9+538.7

图 4.5.6   金奎地隧洞 K9＋538.7～K9＋638.7 层析
扫描成像空间展示图

3. 隧洞开挖验证

隧洞进行第一次超前预报后，开挖至 K9＋593 处，再次发生突泥事故，表明岩溶空腔位置位于 K9＋593 附近。超前预报结论与开挖揭露地质情况基本吻合。

第二次发生突泥事故后，在隧洞内进行了第二次超前预报，两次超前预报均表明岩溶空腔位于隧洞的右上方，最终决定修改隧洞设计方案，将洞线向隧洞左侧偏移，成功避开了该岩溶空腔的影响。表明超前预报结论与实际地质情况基本吻合。

4.5.2　实例二：金奎地隧洞 K16＋605～K16＋763.7

1. 工程地质概况

金奎地隧洞的区域构造稳定性及地震动参数、隧洞基本地质条件详见 3.6.1 节。

隧洞开挖段地质概况如下：

试验段所处位置详见图 3.6.1。

隧洞走向 205°，隧洞埋深约 110～150m，掌子面为 D_3zg 灰色、深灰色白云岩夹页岩，弱风化为主，中厚层夹薄层状，岩层产状：315°∠21°，裂隙发育，岩体破碎，呈碎裂结构，沿岩层面有泥化现象，泥呈软塑状，多为灰黄色。岩溶总体弱发育，未见较大规模的岩溶现象，掌子面中部腰线附近沿裂隙面有股状流水，流量约 0.5～1.0L/s，水质清澈，该裂隙产状：265°∠75°，从掌子面左顶延伸至底部偏右侧，灰黄色黏土充填。隧洞围岩稳定性差。

2. 隧洞超前预报成果解译及预报结论

云南水院于 2012 年 5 月 22 日对牛栏江—滇池补水工程输水线路金奎地隧洞进行了超前地质预报，预报里程为 K16＋605.0～K16＋763.7。本次超前地质预报采用 TRT6000 地质超前预报系统，在现场布置了 2 个震源断面共 12 个震源点以及 4 个信号接收断面共 10 个信号接收点，震源点和信号接收点呈空间布置。

隧洞地震波反射层析扫描成像如图 4.5.7、图 4.5.8、图 4.5.9 所示，图中掌子面位于 41.3m 处，对应的金奎地隧洞里程桩

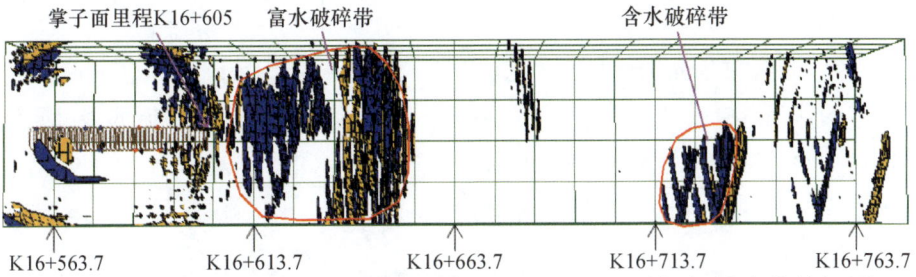

图 4.5.7　金奎地隧洞 K16＋563.7～K16＋763.7 层析扫描成像俯视图

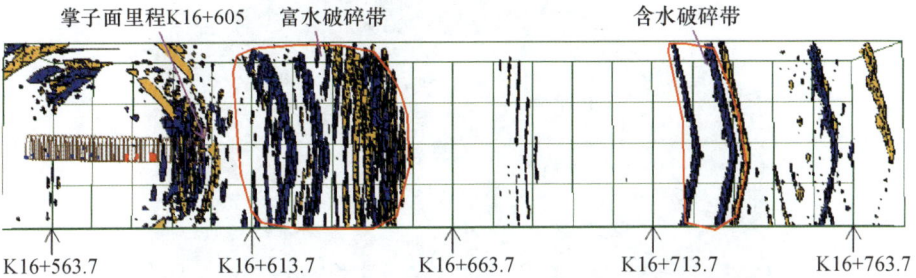

图 4.5.8　金奎地隧洞 K16＋563.7～K16＋763.7 层析扫描成像侧视图

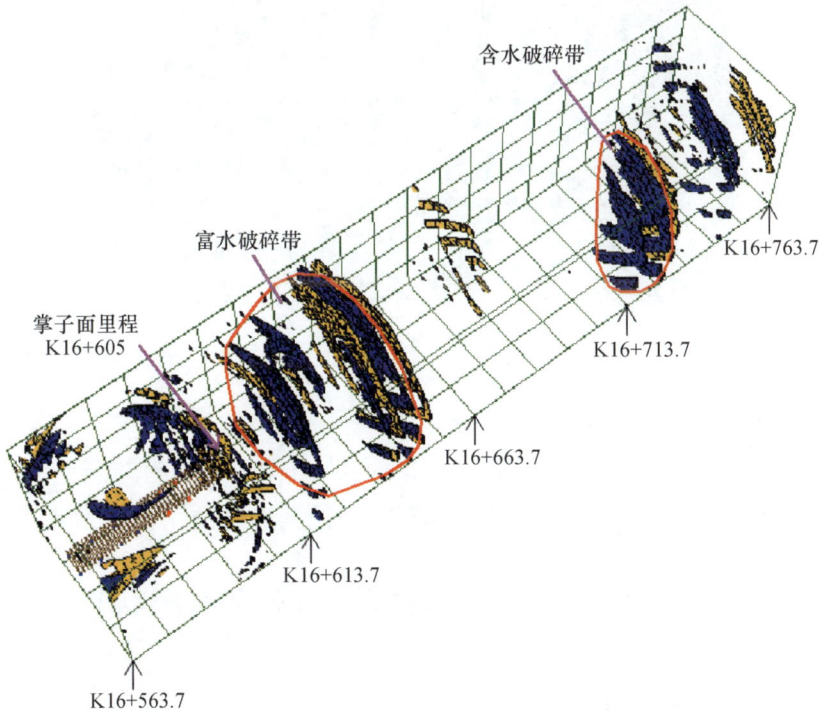

图 4.5.9　金奎地隧洞 K16＋563.7～K16＋763.7 层析
扫描成像空间展示图

73

号为 K16＋605.0。

结合图像与现场地质情况可以得出如下结论：

图中 K16＋745.0 处分布一个连续的负反射面，其后反射面极少，且分布杂乱，图像极为异常，推测 K16＋745.0～K16＋763.7 段存在不良地质体，可能为空腔。

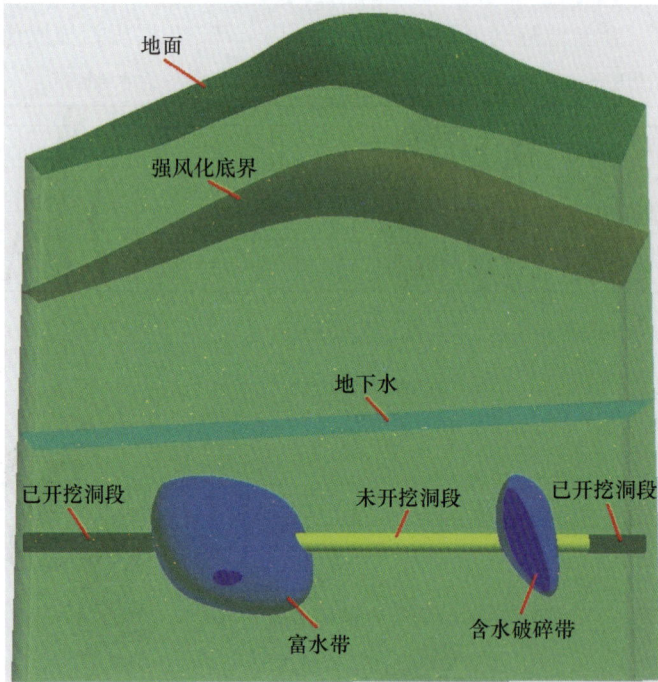

图 4.5.10　金奎地隧洞 K16＋563.7～K16＋763.7 三维地质模型图

3. 隧洞开挖验证

通过现场调查落实，K16＋745.0～K16＋763.7 段为隧洞下游掌子面的已开挖洞段。超前预报结论与实际开挖揭露地质情况非常吻合。

4.6　TRT6000 超前探测空腔的图像特征

4.6.1　空腔洞段的典型图像

为了归纳总结出 TRT6000 超前探测空腔的图像特征，本节分析了金奎地隧洞、竹园隧洞以及相关工程隧洞的超前预报成果图像，并截取以下 TRT6000 超前探测空腔的典型图像进行对比分析，如图 4.6.1～图 4.6.12。

通过将图 4.6.1～图 4.6.12 进行对比分析，TRT6000 超前探测图像由空腔引起时，其图像具有如下共同特征：

对于规模较小的岩溶空腔，通常情况下，其周围岩体破碎，以溶蚀破碎带的形式存在，图像上表现为反射带内正负反射面较多，以负反射面为主，反射面连续性差，分布不规则；对于规模较小的采空区，图像上通常难以识别；对于规模较大的岩溶空腔或采空区，岩溶空腔或采空区之前存在一个较连续的负反射面，空腔范围内正负反射面少，不规则分布，不连续分布。

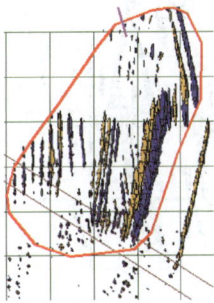

图 4.6.1　金奎地
隧洞 K0＋110～
K0＋155

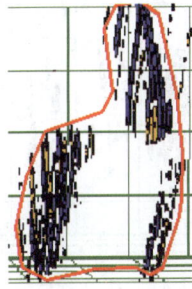

图 4.6.2　金奎地
隧洞 K5＋750～
K5＋780

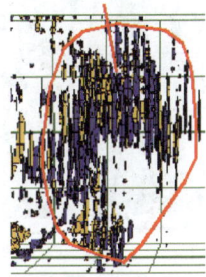

图 4.6.3　泵站厂房 1 号
施工支洞 K0＋250～
K0＋270

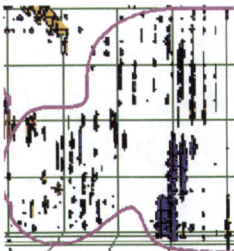

图 4.6.4　金奎地
隧洞 K5＋318～
K5＋436

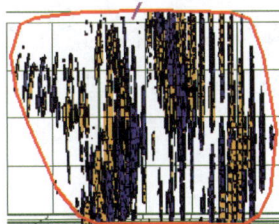

图 4.6.5　金奎地
隧洞 K5＋882～
K5＋942

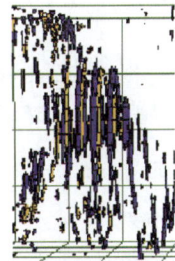

图 4.6.6　大公山
隧洞 K39＋702～
K39＋695

图 4.6.7　大公山
隧洞 K39＋662～
K39＋658

图 4.6.8　西渴马 2 号
隧道掌子面
前方 110m

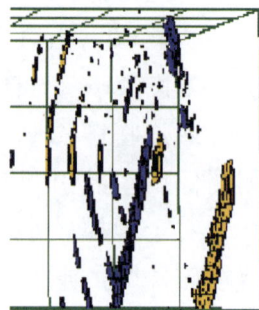

图 4.6.9　金奎地
隧洞 K16＋745～
K16＋763.7

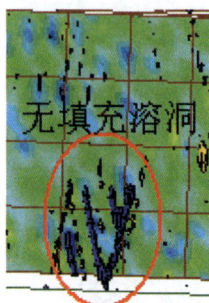

图 4.6.10　张夏隧道
掌子面前方
210～220m

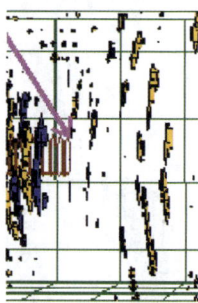

图 4.6.11　大公山
隧洞 K38＋464.7～
K38＋453

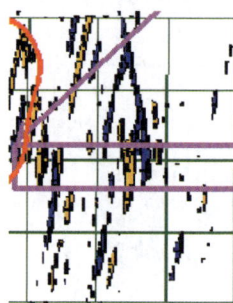

图 4.6.12　泵站引水
隧洞 K2＋465～
K2＋515

4.6.2　TRT6000 超前探测空腔的图像特征

　　根据地震波的传播特点，当空腔直径小于地震波波长的 1/4
时，地震波可透过空腔产生衍射，因而无法识别空腔；当空腔直径
大于地震波波长的 1/4 时，地震波无法透过空腔产生衍射，因而可
以识别空腔。

　　对于规模较小的岩溶空腔，即岩溶空腔直径小于地震波波长的
1/4 时，TRT6000 扫描图像上无法识别空腔，图像上通常无反应。
但通常情况下，其周围岩体破碎，以溶蚀破碎带的形式存在，图像
上表现为反射带内正负反射面较多，以负反射面为主，反射面连续

性差，分布不规则。

　　对于规模较大的岩溶空腔或采空区，即岩溶空腔或采空区直径大于地震波波长的四分之一时，岩溶空腔或采空区之前存在一个较连续的负反射面，空腔范围内正负反射面少，分布不规则，且不连续。

第5章 TRT6000在隧洞工程断层破碎带超前预报中的应用

5.1 断层破碎带对隧洞工程的危害

断层是岩体中最重要的结构面之一，不仅延伸长，具有一定宽度，而且有不同类型的断层岩分布其间。从岩体结构类型来考虑，断层岩是重要的碎裂结构岩体和散体结构岩体，它是一种特殊的软岩。断层岩作为动力变质岩中的一种，在地壳中的绝对数量很少，但其分布之广是任何一类岩石所无法比拟的。由于断层岩的工程地质性质，特别是强度与变形方面，较邻近的岩体差。常常成为控制各类工程结构物稳定的制约因素，同时也是许多重大地质灾害发生的主要边界条件之一。

隧洞是埋藏于地下的条形运输孔道，由于断层岩松散破碎、自稳能力差，且一般富含地下水，所以在选择隧洞位置时应尽可能避开。不得已时，也要与断层带隔开足够的安全距离。万不得已时，也宜正交跨过断层。但是纵观隧洞所穿越的工程地质环境可以看出，绝大部分隧洞都穿越断层带。尽管在隧道的设计与施工之前，对断层带或与之相关的断层岩都作了详细的勘探工作，但是断层带处的隧道施工过程中，仍然会出现过度变形、坍塌和涌水等施工灾害，断层带处的隧道衬砌仍然是整个隧道的薄弱环节之一。

对于硬岩山岭隧道，人们做了大量的研究工作，取得了许多重要的成果，并成功地指导着隧道工程实践。但是隧道工程的地质灾害依旧存在并带有普遍性。以中国铁路隧道为例：成昆线全线有415座隧道，在施工期间约有25％的隧道发生过较大型坍方，93.5％的隧道发生水害、塌陷和岩爆等，穿越地形和地质条件复杂的秦岭、大巴山和云贵高原的宝成线、襄渝线、川黔线和湘黔线以及枝柳线等都修建有大量隧道，施工及运营中都发生过大量规模不等的坍方、突泥和地表塌陷等地质灾害。太瑶山隧道、南岭隧道和军都山隧道也是如此。兰武二线乌鞘岭隧道，由于事先估计和准备不足，在隧道穿越断层破碎带时，初期支护的变形严重，造成了材料的浪费，影响了隧道掘进的速度，给隧道运营期的病害埋下了隐患。达开水库输水隧道施工过程中，断层引起的塌方占总坍方量的70％。南梗河三级水电站引水隧道和南非 Orange Fish 引水隧道等施工过程中发生的洞内突水和碎屑流都与断层有关。212国道木寨岭隧道区域性断裂地段，隧洞围岩发生强烈变形，曾4次换拱加强支护仍不能稳定（每次变形约达1.0m）。综合分析隧道发生灾害的地质条件不难发现，几乎所有的隧道都穿越过各类不良地质区段，而穿越断层或通过断层影响区又首当其冲。断层引起的工程地质力学问题众多，断层的变化现象多种多样，导致的工程岩体失稳常见，地质灾害时有发生。而人们在隧道建设或运营过程中处理此类事故时往往都是处于非常被动的应急处理地位，对断层岩的工程地质性质缺乏正确的认识，缺乏综合已有研究的规律性指导，事故的处理方法基本上是经验方法，从而导致断层岩处理的工程量加大，投资增加，隧道施工工期延长。隧道投入运营后，断层带处的隧道衬砌往往也是围岩压力与地震等动力作用下产生病害的多发地段。

　　断层破碎带是隧洞施工时最常见的不良地质体，在断层破碎带施工时出现坍方亦颇为多见，隧洞开挖通过断层破碎带时需要采取相应的措施。地质勘查时，确定断层破碎带在隧道中出露的范围、位置出现较大误差是正常的，漏查的可能性也较大。因此，断层破碎带是隧洞超前地质预报的主要内容。

5.2　云南地区地质构造特征

云南地处特提斯—喜马拉雅构造域与滨太平洋域的交接部位。岩浆活动强烈，变质作用广泛，地质构造复杂。云南的西北部与青藏高原连接，地壳的后期演化受喜马拉雅和青藏高原的强烈影响，自晚第三纪以来，云南一直保持着很强的活动性，并且是我国现今强烈地震活动区之一。

云南地壳的不同部分，曾经历了曲折复杂的演化过程。其沉积岩相与建造、岩浆活动、变质作用、成矿作用和构造运动及其表现形式等方面，均存在差异，据此可划分为 5 个一级构造单元、11 个二级构造单元和 31 个三级构造单元。

云南断裂除去东部小江断裂带以东归属滨太平洋断裂体系外，其余大部分地区均属特提斯—喜马拉雅断裂体系。由于云南的断裂体系大多是经历了曲折复杂的演化过程，许多断裂的早期活动和发展历史，被后期的活动所强烈改造，因此，有的断裂（特别是川滇地区的一些断裂）可能在不同的构造发展阶段都有过活动。

云南境内的深、大断裂十分发育，它们的形成和发展控制着云南地壳的演化，尤其是其中的超壳深断裂带和岩石圈深断裂带。从现有资料看，云南的超岩石圈断裂有金沙江—哀牢山断裂带和澜沧江断裂带。由于云南地处特提斯—喜马拉雅构造域与滨太平洋构造域的复合部位，其绝大多数深、大断裂属于特提斯—喜马拉雅断裂体系，仅滇东少数深、大断裂属滨太平洋断裂体系。属于特提斯—喜马拉雅断裂体系的有：川滇南北向断裂系、松潘—甘孜断裂系、三江口—箐河断裂系、兰坪—思茅断裂系、保山—腾冲断裂系。属于滨太平洋断裂体系的滇东断裂系。

云南新生代以来构造运动十分强烈，其表现形式多样。除构造形变外，尚有地壳的不均衡抬升、岩浆活动、冰川作用和地震活动等。其中又以地震活动相当频繁、强烈为特点。

5.3　断层破碎带的基本地质特征

5.3.1　断层破碎带的稳定性

1. 断层破碎带的性质与自稳能力

从隧道工程地质角度看，断层力学性质通过构造岩对断层破碎带自稳能力的影响十分明显。

（1）张性和张扭性断层破碎带。由于张性和张扭性断层破碎带由大小不一、杂乱无章、棱角尖锐、胶结疏松的断层角砾岩组成，角砾和碎裂岩块之间的结合度最差；所以，从构造岩角度看，其自稳能力最差。

（2）压性和压扭性断层破碎带。压性和压扭性断层破碎带可分为内带和外带两部分。内带有强烈挤压状态的压扁岩、压碎岩、片理化、糜棱岩化岩石和断层泥等构造岩组成；由于挤压的缘故，内带的破碎岩块多呈密实状态；所以，从构造岩角度看，其自稳能力比张性、张扭性断层破碎带好，但比扭性或以扭性为主的断层破碎带差。外带主要由裂隙发育的压裂岩组成，岩块之间的结合度较差，其自稳能力较差。

（3）扭性或以扭性为主的断层破碎带。扭性或以扭性为主的断层破碎带则主要由节理密集带灯片石装出现的构造岩组成，相对其他力学性质的断层破碎带来说，其碎裂程度最低，碎裂岩块之间的结合度较好。所以，从构造岩角度看，与其他断层破碎带相比，其自稳能力相对较好。

2. 断层破碎带宽度与自稳能力

隧洞施工实践证明：断层破碎带隧洞在开挖后的自稳能力与其暴露面积成反比，即暴露面积越大，其自稳能力越差，越容易坍塌或塌方。所以，断层破碎带宽度对其自稳能力影响非常重要。

5.3.2　断层破碎带的控水性与导水性

1. 断层破碎带的控水性

对于多数山岭隧洞（岩溶隧洞除外）来说，由地下水造成的涌、突水等地质灾害大多与断层水有关，与断层破碎带的控水作用密切相关。

（1）一般来说，压性逆断层由于断层破碎带的核心部位，即主断面附近，由于岩石受到了剧烈挤压而形成密实的压扁岩、片理化岩、糜棱岩和断层泥，这些岩石对地下水有阻隔作用，是良好的隔水层。但在压性破碎带的外带，即压裂岩分布地带，由于裂隙发育，常常形成良好的储水构造，特别是作为断层主动盘的上盘，由于受其下部主断面附近的、断层破碎带核心部位出现的碎糜岩带或断层泥带的阻隔，常常使断层破碎带上盘外带成为很好的储水构造。隧洞施工遇到这样的部位，常常发生涌、突水地质灾害。

（2）张性正断层破碎带，常常由泥质、钙质或铁质胶结的疏松的碎裂断层角砾岩组成，当其下盘受到泥岩、页岩或其他不透水层阻隔时，它对于地下水来说，是良好的储水构造。当地表属于汇水区时，它就是地表水渗入地下的良好通道，大量地表水和地下水会沿其贯入隧道；当断层下盘恰好属于页岩、泥岩等隔水岩层时，它就是地下水的储存仓库，也是承压水发育的部位。这些都会造成隧洞施工时发生涌、突水现象。

（3）扭性平移断层破碎带，由于岩石破碎程度相对较低，其对地下水的储存作用都不如压性逆断层和张性正断层，从地下水造成的地质灾害角度看，它对隧洞施工相对影响较小。

2. 断层破碎带的导水性

断层破碎带的导水性，即断层破碎带作为地下水通道的通畅能力；它与断层破碎带的控水性既有很多相似之处，也有不同之处。它对于海底隧道或大面积水体下隧道的超前地质预报尤为重要。因为隧道围岩上方有个巨大的"水盆"，上部水源供应十分充足，一旦隧道施工连通了围岩内的导水通道，将有大量海水或其他地表水沿着"通道"贯入隧道。这类通道是海底或其他水下隧道的最主要不良地质，由此引发的高压涌水、突水是这类隧道最主要的施工地质灾害。例如，厦门翔安海底隧道、渝怀铁路歌乐山隧道等。

如前述，断层的力学性质分为压性、张性、扭性、压扭性和张扭性。上述 5 类断层破碎带，唯有张性或以张性为主的断层破碎带具有胶结疏松、裂隙度好的特点，它们常常成为海底隧道或其他水下隧道与海水、湖水或其他地表水连通的最好通道。

除此之外，压性断层破碎带的外带，特别是上盘外带也常常成为次要导水通道。较大规模的扭性，特别是扭性兼张性的断层破碎带有时也可成为导水通道。

5.4　断层破碎带的地震波特征

进行破碎带分析解译的主要要素是反射信号的振幅、相位（极性）及其连续性和反射波结构、形态等几何参数。在进行地下水以及破碎带的分析解译主要采用直接法和间接法，直接法主要是对快、慢纵波速度的识别，较为简单；间接法相对较为复杂，且应用较多，以下只对间接法进行说明。

（1）振幅。破碎带的反射波振幅强弱首先与其弹性波环境有关，也就说与其反射系数有关。其次，与信噪比的大小有关，当信噪比较小时，信号易被环境噪声掩盖，不易识别；反之则较易识别。

（2）相位（极性）。在 TRT6000 隧洞超前地质预报中，由于工作环境的限制，接收到的反射信号均为法线反射（或近似法线反射）信号。

当 $\rho_2 v_{p2}$（或 r_2）＞$\rho_1 v_{p1}$（或 r_1）时，反射系数 R 为正值，说明反射波的相位与入射波的相位是一致的，即反射波与入射波同相；当 $\rho_2 v_{p2}$（或 r_2）＜$\rho_1 v_{p1}$（或 r_1）时，反射系数 R 为负值，说明反射波的相位与入射波的相位差 π，即反射波与入射波反相。

在 TRT6000 隧洞超前地质预报的成果中，破碎带的反射信号为反相波。

（3）反射波连续性、结构和形态。反射波的连续性、结构和形态是破碎带赋存空间和类型的直接反映。

破碎带的不均匀性决定了破碎带反射波的连续性为局部性，即破碎带的反射波同相轴具有局部性和相互的连通性（连通通道反射信号可识别时）。在 TRT6000 隧洞超前地质预报的成果图中，破碎带反射波连续性表现为可连通的团带状反相波同向轴面。破碎带的厚度和富水性决定的其反射波的结构和形态。

5.5　TRT6000 超前探测断层破碎带的工程实例

5.5.1　实例一：大公山隧洞 K7＋204～K7＋041

1. 工程地质概况

（1）区域构造稳定性及地震动参数。工程区位于小江深大断裂发震构造带，区域构造稳定性较差。

根据 1：400 万《中国地震动参数区划图》 （GB 18306—2001），大公山隧洞地震动峰值加速度大于或等于 0.4g，相应地震基本烈度大于或等于 Ⅸ 度。

（2）隧洞基本地质条件。大公山隧洞全长 27107.007m，进口底板高程 1953.39m，出口底板高程 1939.836m。

大公山隧洞沿线为构造侵蚀中山地貌，山体走向北北东，地形坡度 15°～30°。

隧洞沿线分布的地层岩性主要有：C_1d 灰岩、C_1b 灰岩、鲕状灰岩、白云岩，C_{2+3} 灰岩、鲕状骨屑灰岩，P_1l 粉砂岩、页岩、铝土矿夹煤层，P_1y 灰岩、豹皮状骨屑泥晶灰岩夹中细晶白云岩，局部含硅质结核，$P_2\beta$ 玄武岩，Q^{dl} 碎石质粉土、黏土。

沿线无大的褶皱发育，展布的断裂构造主要有 F_5、F_{20}。F_5 属Ⅱ级结构面，断层走向 290°，断层破碎带宽约 10.0～20.0m，主要由角砾岩、糜棱岩、构造片岩、断层泥组成，结构松散，胶结差。断层两侧地层发生错动，是一条平移断层。

隧洞沿线碳酸盐岩洞段多数位于地下水位线附近，位于地下水位以上和以下的洞段各占一般左右；玄武岩洞段位于地下水位以下。隧洞沿线孔隙水、裂隙水和岩溶水均有分布。

隧洞沿线可溶岩分布广泛，占隧洞总长2/3。可溶岩地层呈条带状分布，构成岩溶中山，岩溶中等发育，多见层间岩溶形态，岩溶在垂向发育程度可分为三个带，各带下限深度如下：地表以下40～55m为洞穴—溶隙带，岩溶发育强烈，较多的大型溶洞、伏流，通道以管道为主；地表以下80～95m为溶隙带，岩溶中等发育，主要为小型溶洞及溶隙，通道为脉状隙流；地表以下130～155m为溶孔—溶隙带，岩溶弱发育，主要为小型溶隙，零星分布有溶孔，多为隙流，通道不畅。

根据岩溶发育深度规律和隧洞高程分析，大公山隧洞可溶岩洞段处于洞穴—溶隙带，岩溶形态以溶洞、岩溶管道、漏斗、溶孔为主。尤其以金所以北地段岩溶问题突出，该段地表岩溶强烈发育，洞线西侧分布有雀吃沟、三起三落和魏所河3个较大伏流，伏流经地下通道向寻甸盆地排泄，隧洞高程附近很可能存在大流量的暗河、溶洞。

（3）隧洞开挖段地质概况。试验段所处位置如图5.5.1所示。

隧洞掌子面地层岩性为C_1d灰岩，弱风化状态，无大的地质构造发育，节理裂隙发育，岩体破碎，呈碎裂结构，隧洞掌子面干燥无水，围岩不稳定。

2. 隧洞超前预报成果解译及预报结论

云南水院于2009年9月29日对牛栏江—滇池补水工程输水线路大公山隧洞进行了地质超前预报，预报里程为K7+204～K7+041。本次地质超前预报采用TRT6000地质超前预报系统，在现场布置了2个震源断面共12个震源点以及4个信号接收断面共10个信号接收点，震源点和信号接收点呈空间布置。

隧洞地震波反射层析扫描成像如图5.5.2和图5.5.3所示，图中掌子面对应的大公山隧洞里程桩号为K7+204。

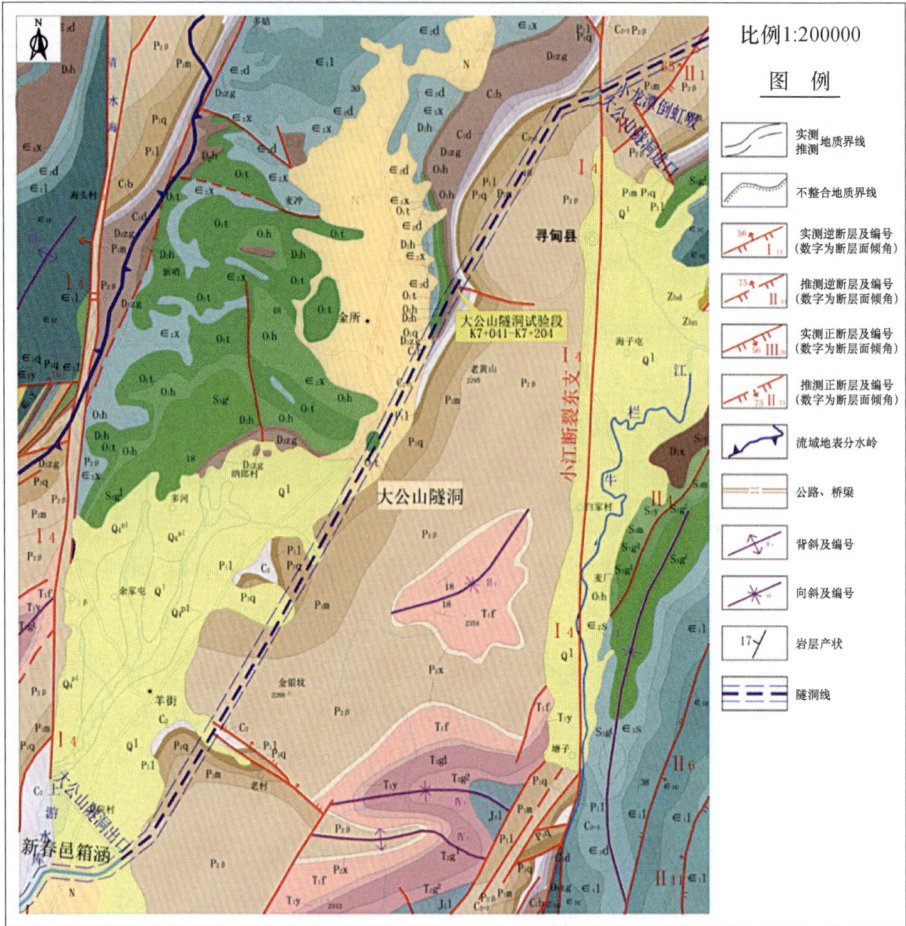

图 5.5.1　大公山隧洞工程地质平面图

在图 5.5.2 和图 5.5.3 中，隧洞前方 K7＋151～K7＋131 段以及 K7＋101～K7＋081 段分布的反射波具有同相轴具有局部性和相互的连通性，反射波连续性表现为可连通的团带状反相波同相轴面。同时，这两组反射波具有正、反相相杂的结构特征和板状形态特征。

结合图像与现场地质情况可以得出如下结论：

隧洞前方 K7＋151～K7＋131 段以及 K7＋101～K7＋081 段岩体破碎，风化强烈，推测为断层破碎带，断层带宽度约为 20m，隧洞开挖过程中极易坍塌，地下水弱发育，建议进行超前支护。

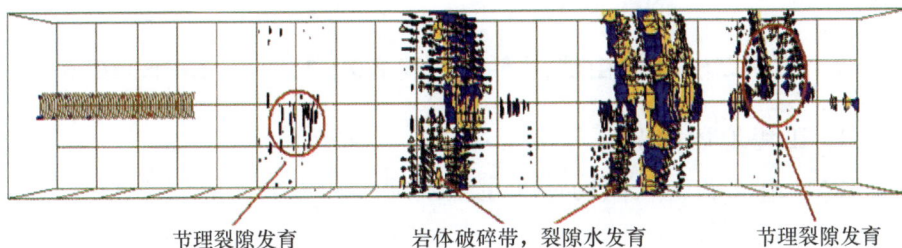

图 5.5.2　大公山隧洞 K7＋204～K7＋041 层析扫描成像图侧视图

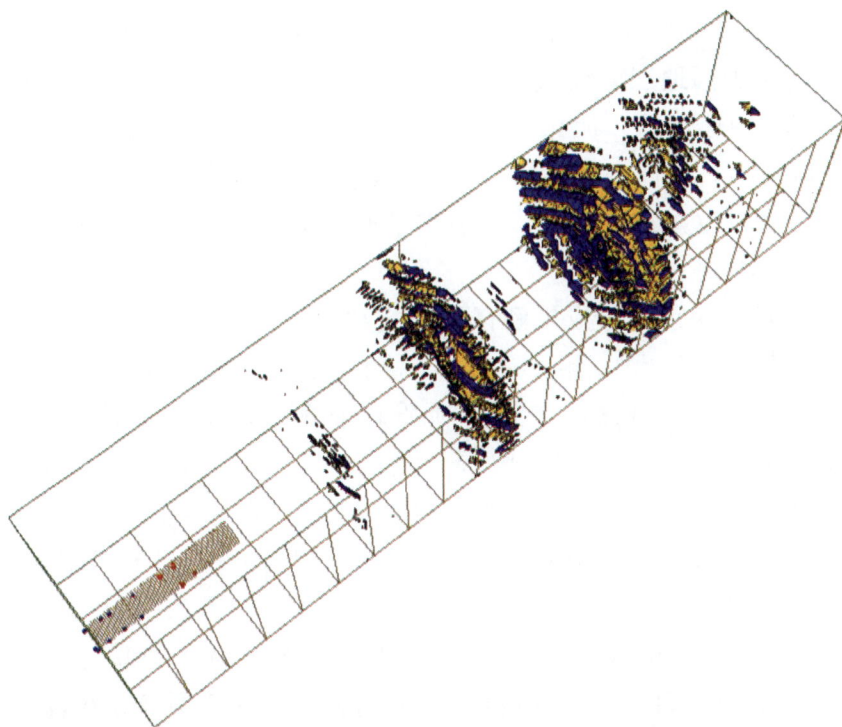

图 5.5.3　大公山隧洞 K7＋204～K7＋041 层析扫描成像空间展示图

3. 隧洞开挖验证

隧洞开挖过程中，在 K7＋150～K7＋135 段以及 K7＋100～K7＋080 段遇到两条宽约 15～20m 的断层破碎带，断层带组成物质为糜棱岩及碎裂岩等，局部渗水，导致隧洞发生大规模的坍塌事故，两条断层均与隧洞线大角度相交。预报结论与开挖揭露情况基本吻合。

5.5.2　实例二：大五山隧洞 5 号支洞 K0+259.6～K0+336.6

1. 工程地质概况

大五山隧洞的区域构造稳定性及地震动参数、隧洞基本地质条件详见 3.6.2 节。

隧洞开挖段地质概况如下：

试验段所处位置如图 3.6.5 所示。

大五山隧洞 5 号支洞为斜支洞，隧洞走向 295°，隧洞埋深 120～160m。掌子面地层岩性为 D_3zg 肉红色白云岩、泥质白云岩，强风化状态，中厚层状，泥化现象严重，岩体节理裂隙发育，沿裂隙面见挤压擦痕，洞内潮湿，沿裂隙面有渗水，岩溶发育强烈，张开较宽的裂隙均为方解石充填，目前掌子面已坍塌。隧洞围岩稳定性极差，围岩类别为 V 类。

2. 隧洞超前预报成果解译及预报结论

云南水院于 2010 年 2 月 26 日对牛栏江—滇池补水工程输水线路大五山隧洞 5 号支洞进行了地质超前预报，预报里程为 K0+259.6～K0+336.6。本次地质超前预报采用 TRT6000 地质超前预报系统，在现场布置了 2 个震源断面共 12 个震源点以及 4 个信号接收断面共 10 个信号接收点，震源点和信号接收点呈空间布置。

地震波反射层析扫描成像图如图 5.5.4 和图 5.5.5 所示，图中掌子面位于 43.0m 处，对应的隧洞里程桩号为 K0+259.6。

从图像中可以看出，隧洞掌子面前方左右两侧图像存在较大差异，左前方以团块状负反射面为主，反射强烈且连续分布，右前方以正反射面为主，反射强烈且连续分布。

结合图像与现场地质情况可以得出如下结论：

K0+259.6～K0+310.0 段围岩位于推测断层带和断层影响带内，裂隙发育，岩体破碎，岩溶发育，其中：K0+267.0～K0+297.0 段为推测断层带，断层带宽度约 15m，推测为一条压性阻水断层，断层产状：$30°\sim50°\angle65°\sim75°$，从图像上分析，断层两侧的富水性有较大差异，在隧洞揭穿断层后有突水和突泥的可能。建议采取超前管棚支护方案，并做好抽、排水措施，尤其在 K0＋297.0 之前采取加深炮孔超前探水和超前排水等防范措施，防止发生突水和突泥事故。围岩稳定性极差，围岩参考类别为Ⅴ类。

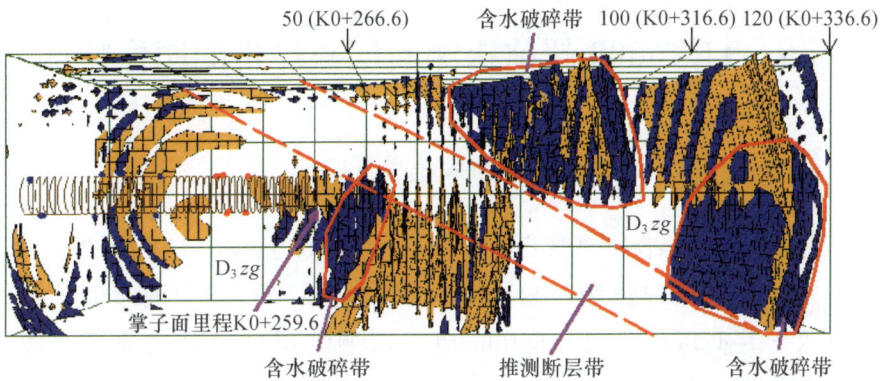

图 5.5.4　大公山隧洞 5 号支洞 K0＋259.6～K0＋336.6 层析
扫描成像俯视图

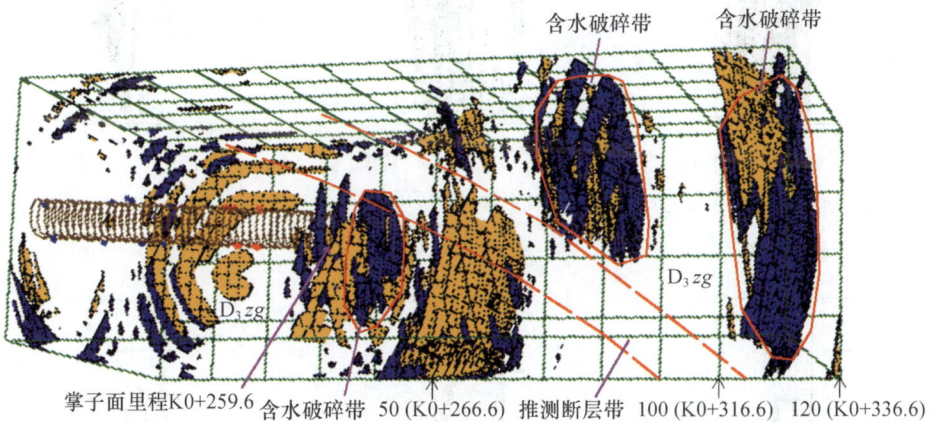

图 5.5.5　大公山隧洞 5 号支洞 K0＋259.6～K0＋336.6 层析
扫描成像空间展示图

3. 隧洞开挖验证

隧洞开挖过程中，K0＋270～K0＋295 段遇到断层破碎带，断层与隧洞线小角度相交，无地下水，隧洞得以顺利掘进。在 K0＋295 以后因地下水的作用，加上断层破碎带范围内隧洞临时支护强度不够，导致整个断层破碎带范围内隧洞发生大规模的坍塌，事故处理完成后，K0＋305 以后隧洞正常掘进，未发现地质异常。超前地质预报结论与开挖结果基本吻合。

5.6　TRT6000 超前探测断层破碎带的图像特征

5.6.1　断层破碎带洞段的典型图像

为了归纳总结出 TRT6000 超前探测断层破碎带的图像特征，本文分析了金奎地隧洞、竹园隧洞以及相关工程隧洞的超前预报成果图像，并截取以下 TRT6000 超前探测断层破碎带的典型图像进行对比分析，如图 5.6.1～图 5.6.15 所示。

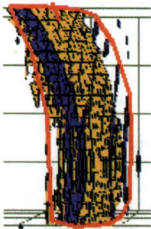

图 5.6.1　金奎地隧洞 K5＋500～K7＋505

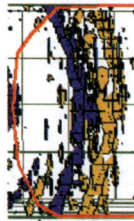

图 5.6.2　金奎地隧洞 K11＋796～K11＋820

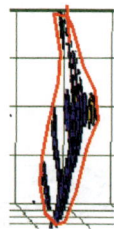

图 5.6.3　竹园隧洞 K19＋855～K19＋866

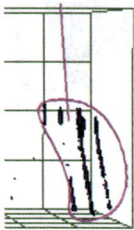

图 5.6.4　金奎地隧洞 K7＋304～K7＋316

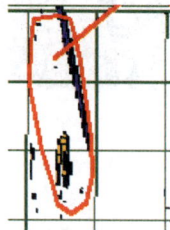

图 5.6.5　金奎地隧洞 K16＋260～K16＋270

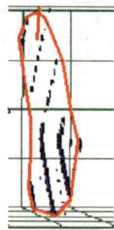

图 5.6.6　竹园隧洞 K20＋016～K20＋025

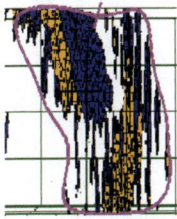

图 5.6.7　金奎地
隧洞 K8+515～
K8+553

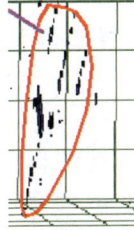

图 5.6.8　金奎地
隧洞 K18+500～
K18+511

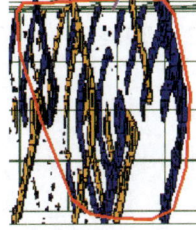

图 5.6.9　大公山
隧洞 K48+710～
K48+740

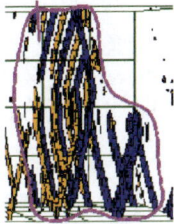

图 5.6.10　金奎地
隧洞 K9+125～
K9+085

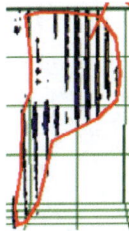

图 5.6.11　竹园
隧洞 K19+794～
K19+819

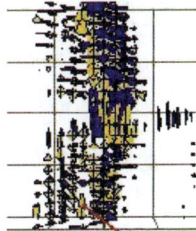

图 5.6.12　大公山
隧洞 K7+151～
K7+131

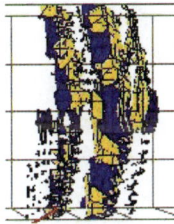

图 5.6.13　大公山
隧洞 K7+101～
K7+081

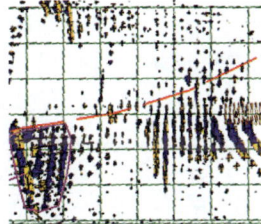

图 5.6.14　大五山 8 号支洞
K0+122～K0+190

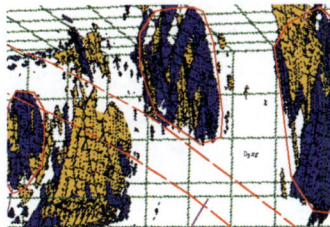

图 5.6.15　大五山 5 号支洞
K0+259.6～K0+336.6

5.6.2　TRT6000 超前探测断层破碎带的图像特征

通过将图 5.6.1～图 5.6.15 进行对比分析，TRT6000 超前探测图像由断层破碎带引起时，其图像具有如下共同特征：

（1）对于走向与隧洞线大角度相交的断层破碎带，图像反应较明显，反射带内正、负反射多且杂乱，具有一定的连续性，断层前段反射带内以负反射为主，断层后段反射带内以正反射为主，由于断层及破碎带与两侧岩体存在十分明显的密度和速度差异，因而是较强的波阻抗界面。

（2）对于走向与隧洞线小角度相交断层破碎带，图像反应较差，通常需根据断层两侧图像的差异，并结合具体地质情况综合判断，才能比较准确地进行解译。

第6章 TRT6000 在隧洞工程围岩分类超前预报中的应用

6.1 影响围岩分类的地质因素

影响隧洞围岩分类的主要地质因素有岩石强度、岩体完整程度、结构面状态、地下水状态、主要结构面产状以及围岩强度应力比等。

（1）岩石强度。岩石强度主要用岩石饱和单轴抗压强度（R_b）来划分，根据岩石饱和单轴抗压强度的不同，可划分为不同的岩质类型，岩质类型划分详见表 6.1.1。

表 6.1.1 岩质类型划分表

岩质类型	硬 质 岩		软 质 岩		
	坚硬岩	中硬岩	较软岩	软岩	极软岩
岩石饱和单轴抗压强度 R_b/MPa	$R_b>60$	$60 \geqslant R_b>30$	$30 \geqslant R_b>15$	$15 \geqslant R_b>5$	$R_b \leqslant 5$

硬质岩耐风化能力强。主要代表性岩有：花岗岩、流纹岩、闪长岩、安山岩、辉长岩、玄武岩等岩浆岩类；砂岩、石灰岩、白云岩、铁质和硅质胶结的砾岩等沉积岩类；还有片麻岩、石英岩、大理岩、板岩和石英片岩等变质岩类。

软质岩抗风化能力弱。主要代表性岩有：火山凝灰岩；泥质粉砂岩、页岩、泥岩、泥灰岩和劣煤等沉积岩类；云母片岩、千枚岩等变质岩。

（2）岩体完整程度。岩体完整程度对围岩稳定起到至关重要的作用，通常岩体完整性越好，围岩稳定性也越好；反之，岩体完整性越差，围岩稳定性也越差。

岩体完整程度可根据结构面组数、结构面间距确定，详见表 6.6.2。

表 6.1.2　　　　　　　　岩 体 完 整 程 度 划 分

间距/cm ＼ 组数	1～2	2～3	3～5	＞5 或无序
＞100	完整	完整	较完整	较完整
50～100	完整	较完整	较完整	差
30～50	较完整	较完整	差	较破碎
10～30	较完整	差	较破碎	破碎
＜10	差	较破碎	破碎	破碎

（3）结构面状态。结构面状态是控制围岩稳定的重要因素之一。结构面状态是指地下洞室某一洞段内比较发育的、强度最弱的结构状态，包括宽度、充填物、起伏粗糙和延伸长度等情况。结构面宽度可分为小于 0.5mm、0.5～5.0mm、大于 5mm 三个等级；充填物可分为无充填、岩屑和泥质充填 3 种；起伏粗糙分为起伏粗糙、起伏光滑或平直粗糙、平直光滑 3 种情况；延伸长度反应结构面的贯穿性。

（4）地下水。地下水是影响隧洞围岩稳定的很重要的地质因素之一。在其他条件相同的情况下，有无地下水参与，围岩的稳定性大不一样。

地下水对可能滑移的结构面起到"润滑剂"的作用，它将极大地降低岩体的抗剪强度；它还对结构体的岩石起到浸泡、软化、溶蚀和水化的作用，它将极大地降低了岩石的抗压强度。

总体来说，地下水的参与，将极大地降低围岩的稳定程度，是隧洞施工塌方的主要原因之一。

（5）主要结构面产状。主要结构面产状是影响隧洞围岩稳定的很重要的地质因素之一。主要结构面产状包括主要结构面走向与隧洞轴线夹角以及主要结构面倾角两个方面。

在其他条件相同的情况下，缓倾角结构面对隧洞围岩稳定影响较大，而陡倾角的结构面对隧洞围岩稳定影响相对较小。

陡倾角的主要结构面，当其走向与隧洞轴线近于平行时，则对围岩稳定很不利；反之，其走向与隧洞轴线近于正交时，则几乎不影响围岩的稳定。

（6）围岩强度应力比。围岩强度应力比 S 是指岩石饱和单轴抗压强度 R_b 和岩体完整性系数 K_v 的乘积与围岩最大主应力的比值。围岩强度应力比是反映围岩应力大小与围岩强度相对关系的定量指标，提出围岩强度应力比的目的是控制各类围岩的变形破坏特性。

Ⅱ类以上围岩不允许出现塑性挤出变形，Ⅲ类围岩允许局部出现塑性变形。因此，Ⅰ、Ⅱ类围岩要求围岩强度应力比大于 4，Ⅲ、Ⅳ类围岩要求围岩强度应力比大于 2，否则围岩类别要降低。围岩强度应力比还可作为判别地下洞室开挖时围岩可能发生岩爆的强烈程度指标。如天生桥二级引水隧洞 2 号支洞，$S<2.5$ 时有强烈岩爆；$S>2.5$ 时，有中等岩爆；$S>5$ 时，有时也有岩爆，但不强烈。

工程实践表明，地应力水平较高时，洞室顶拱部位较边墙更易出现块体失稳。

6.2　围岩稳定性及支护类型

根据《水利水电工程地质勘察规范》（GB 50487—2008），将隧洞围岩从好到差依次分为Ⅰ、Ⅱ、Ⅲ、Ⅳ、Ⅴ类。

Ⅰ类围岩为稳定围岩，围岩可长期稳定，一般无不稳定块体。

Ⅱ类围岩为基本稳定围岩，围岩整体稳定，不会产生塑性变形，局部可能产生掉块。

Ⅲ类围岩为局部稳定性差围岩，围岩强度不足，局部会产生塑性变形，不支护可能产生塌方或变形破坏，完整的较软岩，可能暂时稳定。

Ⅳ类围岩为不稳定围岩，围岩自稳时间很短，规模较大的各种变形和破坏都可能发生。

Ⅴ类围岩为极不稳定围岩，围岩不能自稳，变形破坏严重。

不同的围岩分类，需要采取不同的支护类型。通常Ⅰ、Ⅱ类围岩不支护或局部锚杆或喷薄层混凝土，大跨度时，喷混凝土、系统锚杆加钢筋网；Ⅲ类围岩喷混凝土、系统锚杆加钢筋网，采用TBM 掘进时，需及时支护，跨度大于 20m 时，宜采用锚索或刚性支护；Ⅳ、Ⅴ类围岩通常处于不良地质体洞段，隧洞施工过程中易引发各种地质灾害，隧洞施工过程中需对Ⅳ、Ⅴ类引起重视，通常采取喷混凝土、系统锚杆加钢筋网，刚性支护，并浇筑混凝土衬砌，不适宜于开敞式 TBM 施工。

6.3　TRT6000 超前探测围岩分类工程实例

6.3.1　实例一：金奎地隧洞 K5＋661.0～K5＋820.4

1. 工程地质概况

金奎地隧洞的区域构造稳定性及地震动参数、隧洞基本地质条件详见 3.6.1 节。

隧洞开挖段地质概况如下：

试验段所处位置如图 3.6.1 所示。

隧洞掘进方向 214°，洞段埋深约 165～185m，掌子面地层岩性为 P_1m 深灰、灰色灰岩、灰质白云岩，岩层产状：318°∠30°，岩体呈弱—微风化状态，裂隙弱发育，块状结构，岩溶弱发育，岩溶形态以溶隙及小溶洞为主，多为黏土充填。主要发育两组裂隙，裂隙产状①340°∠80°、②75°∠64°，裂隙面平直粗糙，闭合，泥膜吸附。掌子面干燥，局部有掉块现象。隧洞围岩局部稳定性差。

2. 隧洞超前预报成果解译及预报结论

云南水院于 2012 年 10 月 28 日对牛栏江—滇池补水工程输水线路金奎地隧洞进行了地质超前预报，预报里程为 K5＋661.0～K5＋820.4。本次地质超前预报采用 TRT6000 地质超前预报系统，在现场布置了 2 个震源断面共 12 个震源点以及 4 个信号接收断面共 10 个信号接收点，震源点和信号接收点呈空间布置。

隧洞地震波反射层析扫描成像如图 6.3.1、图 6.3.2、图 6.3.3 所示，图中掌子面位于 40.6m 处，对应的输水线路里程桩号为 K5＋661.0，预报至 K5＋820.4，结合图像与现场地质情况可以得出如下结论：

（1）K5＋680～K5＋706 段、K5＋754～K5＋775 段、K5＋790～K5＋820.4 段，分布有明显的反射波，这些反射波具有正、反相不均匀相杂，且局部相连的结构形态特征，结合地质情况判定，这三个洞段为溶蚀破碎带，溶蚀裂隙发育，岩体破碎，局部发育有溶洞，多为黏土充填型，局部含水。开挖中易坍塌、掉块，局部有渗水、滴水或小规模突水、突泥现象。建议采取超前支护措施。围岩稳定性差，围岩参考类别为Ⅳ～Ⅴ类。

（2）其余洞段围岩图像与已开挖洞段的图像相似，无明显的反射波分布，故其余洞段无大的地质异常，为弱—微风化岩体，裂隙弱发育，岩体完整性较好，局部沿裂隙面有少量渗水，开挖中局部有坍塌、掉块，建议开挖后及时封闭支护。围岩局部稳定性差，围岩参考类别为Ⅲ类。

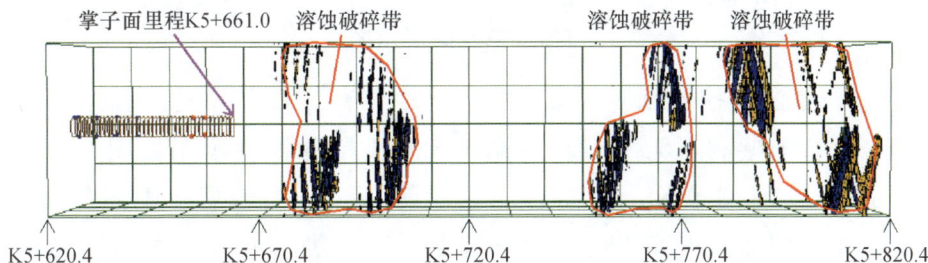

图 6.3.1 金奎地隧洞 K5＋620.4～K5＋820.4 层析
扫描成像俯视图

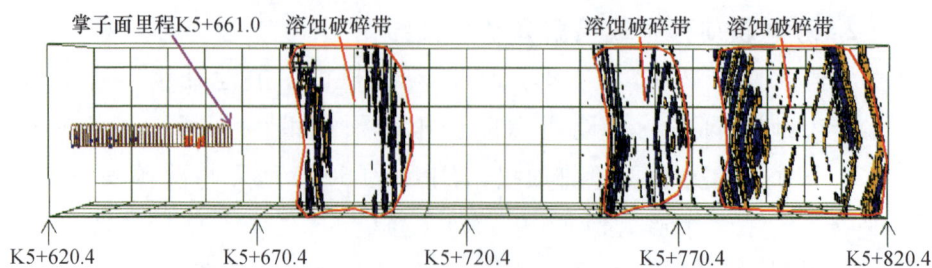

图 6.3.2　金奎地隧洞 K5＋620.4～K5＋820.4 层析
扫描成像侧视图

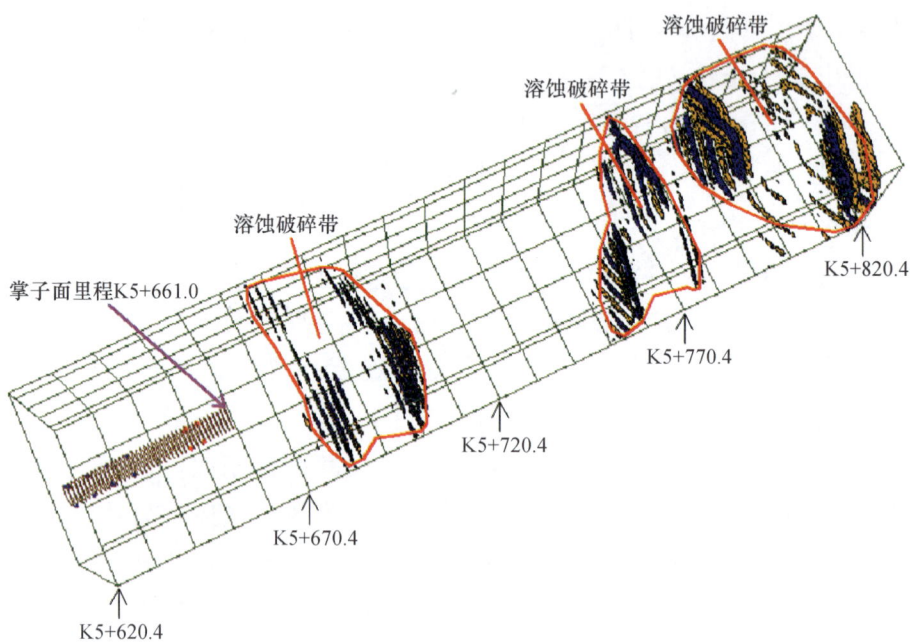

图 6.3.3　金奎地隧洞 K5＋620.4～K5＋820.4 层析
扫描成像空间展示图

3. 隧洞开挖验证

金奎地隧洞 K5＋661.0～K5＋820.4 段开挖展示图如图 6.3.4
所示。K5＋661～K5＋693 段：岩性为灰岩、白云岩，中厚层状，
弱风化，裂隙较发育，岩体呈层状结构，溶蚀不发育，边墙局部有
滴水现象，局部有小掉块。围岩类别为Ⅲ类。

K5＋693～K5＋709 段：岩性为灰岩、白云岩，强风化，岩体

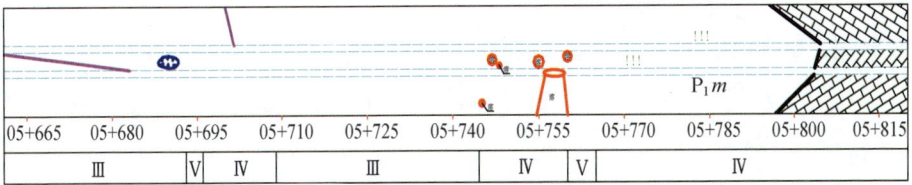

图 6.3.4　金奎地隧洞 K5＋661.0～K5＋820.4 段开挖展示图

完整性差，裂隙发育，溶蚀发育，局部发育溶洞，紫红色黏土充填。围岩类别为Ⅳ、Ⅴ类。

　　K5＋709～K5＋744 段：岩性为灰岩、白云岩，中厚层状，弱风化，裂隙较发育，岩体呈层状结构，溶蚀弱发育，局部有小掉块。围岩类别为Ⅲ类。

　　K5＋744～K5＋765 段：岩性为灰岩、白云岩，强—弱风化，岩体完整性差，裂隙发育，溶蚀发育，发育溶洞，紫红色黏土充填。围岩类别为Ⅳ、Ⅴ类。

　　K5＋765～K5＋820.4 段：岩性为灰岩、白云岩，强—弱风化，岩体完整性差，溶蚀裂隙发育，紫红色黏土充填，地下水发育。围岩类别为Ⅳ类。

　　将预报结论与开挖揭露情况对比可知，预报结论与开挖揭露情况基本吻合。

6.3.2　实例二：金奎地隧洞 K9＋083.2～K8＋926.0

1. 工程地质概况

　　金奎地隧洞的区域构造稳定性及地震动参数、隧洞基本地质条件详见 3.6.1 节。

　　隧洞开挖段地质概况如下：

　　试验段所处位置如图 3.6.1 所示。

　　隧洞顺流走向 214°，隧洞埋深约 160m，掌子面地层岩性为志留系关底组 S_3g^1 深灰色粉砂岩，掌子面揭露断层破碎带，断层产状 68°∠85°，断层走向与洞线斜交，断层宽约 6m，断层带以碎裂岩及糜棱岩为主，岩体呈散体结构，掌子面右侧顶部有线状渗水现象，易塌方，围岩不稳定。

2. 隧洞超前预报成果解译及预报结论

云南水院于 2012 年 3 月 25 日对牛栏江—滇池补水工程输水线路金奎地隧洞进行了地质超前预报，预报里程为 K9＋076.0～K8＋926.0。本次地质超前预报采用 TRT6000 地质超前预报系统，在现场布置了 2 个震源断面共 12 个震源点以及 4 个信号接收断面共 10 个信号接收点，震源点和信号接收点呈空间布置。

隧洞地震波反射层析扫描成像如图 6.3.5、图 6.3.6、图 6.3.7 所示，图中图中掌子面位于 42.8m 处，对应的输水线路里程桩号为 K9＋083.2，预报至 K8＋926.0，结合图像与现场地质情况可以得出如下结论：

（1）K9＋083.2～K9＋021 段、K8＋995～K8＋966 段、K8＋954～K8＋948 段、K8＋936～K8＋926 段，四洞段为含水破碎带，围岩裂隙较发育，岩体破碎、夹泥，以强风化为主，开挖后易产生坍塌、掉块、突泥现象，开挖中有大量渗水，建议加深炮孔超前探水，并做好抽、排水措施，及时封闭支护。围岩参考类别以 Ⅴ 类为主，局部夹 Ⅳ 类。

（2）其余洞段围岩图像无大的地质异常，岩体破碎，开挖中易产生小规模坍塌、掉块，有滴水、渗水现象，建议开挖后及时封闭支护。围岩参考类别 Ⅳ 类。

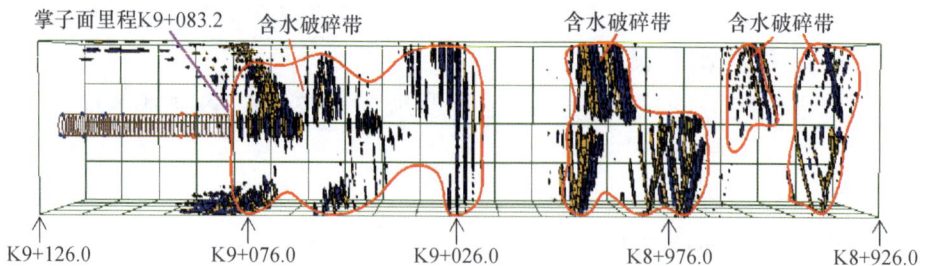

图 6.3.5　金奎地隧洞 K9＋083.2～K8＋926.0 层析
扫描成像俯视图

3. 隧洞开挖验证

金奎地隧洞 K8＋926.0～K9＋083.2 段开挖展示图如图 6.3.8

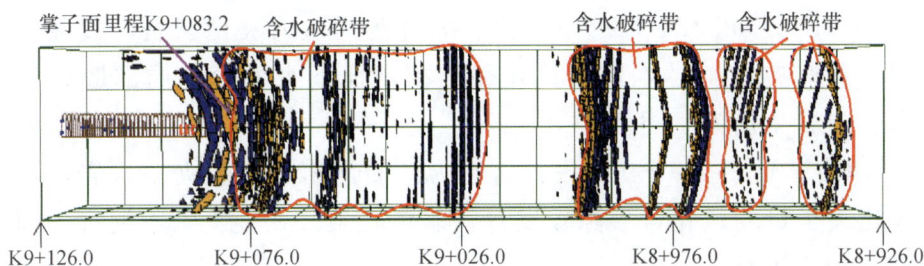

图 6.3.6　金奎地隧洞 K9＋083.2～K8＋926.0 层析
扫描成像侧视图

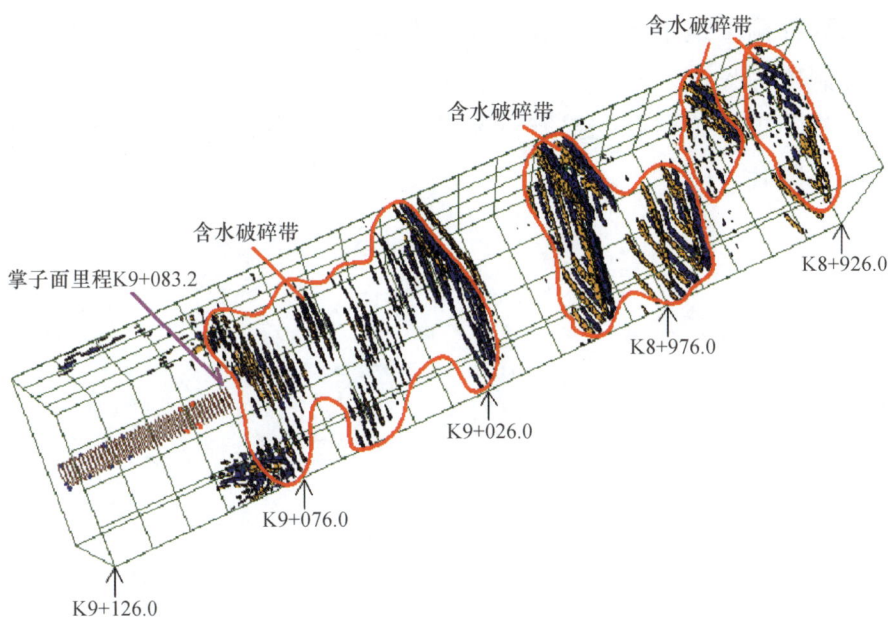

图 6.3.7　金奎地隧洞 K9＋083.2～K8＋926.0 层析
扫描成像空间展示图

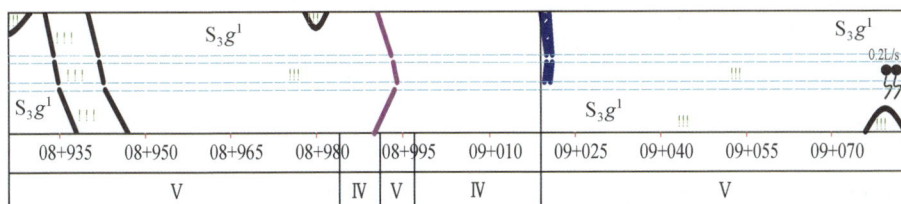

图 6.3.8　金奎地隧洞 K8＋926.0～K9＋083.2 段开挖展示图

所示。K9+083.2～K9+019 段：岩性为泥灰岩夹白云岩，裂隙发育，普遍夹泥，岩体呈层状碎裂结构，地下水发育，局部股状流水。围岩类别为Ⅴ类。

K9+019～K8+997 段：岩性为砂质泥岩、泥岩夹白云岩，强风化夹少量弱风化，裂隙较发育，岩体较破碎，地下水不发育。围岩类别为Ⅳ类。

K8+997～K8+926 段：岩性为砂质泥岩、泥岩夹白云岩，强风化夹弱风化，裂隙发育，岩体破碎，呈碎裂结构，地下水总体发育，局部洞段地下水不发育。围岩类别以Ⅴ类为主，局部地下水不发育洞段为Ⅳ类。

将预报结论与开挖揭露情况对比可知，预报结论与开挖揭露情况基本吻合。

第 7 章　TRT6000 超前地质预报的优化探索

7.1　测量坐标的优化

根据传感器点与震源点定位的需要，生产厂家提供的《应用手册》要求测量传感器点与震源点的大地坐标，测量精确到 10cm 以内。TRT6000 超前地质预报系统共有 10 个传感器点和 12 个震源点，累计 22 个点需测量大地坐标。测量大地坐标需从洞外测量控制点引测量导线到洞内，测量过程复杂，而且需要耗费大量的时间与精力。

根据 TRT6000 现场操作的特点以及建立隧洞地震波速度模型的需要，分析认为，在实际操作过程中，测量各点的相对坐标即可满足 TRT6000 超前地质预报的要求，即将测量传感器点与震源点的大地坐标改为测量各点的相对坐标。将全站仪置于洞内通视条件较好的位置，调平全站仪即可测量相对坐标，因此，将大地坐标改为相对坐标后，测量过程简单易行，并且可以节约大量的时间与精力。

7.2　激发震源的优化

7.2.1　震源能量

在隧道地震勘探中，为了采集到所需要的地震波信息，可选用各种不同的震源，不论采用何种震源，均要求震源具有：①震源激发的震源子波应该具有高度的一致性；②震源应该具有一定的能量；③震源所激发的频谱应该尽量宽。

对于不同的岩性，能量的衰减也有所不同，在完整性良好的岩石中波速传播快，能量衰减小，勘探深度较大，而在强风化岩石及砂土层中波速传播慢，能量衰减大，勘探深度有限。

TRT6000 超前地质预报系统采用锤击震源，一般来讲，锤击震源能达到勘探深度 100m 左右，在围岩条件较好的情况下最大能达到 200m。

目前常用的锤击震源有 8.16kg（18 磅）、5.44kg（12 磅）、4.54kg（10 磅）、2.72kg（6 磅）4 种大锤激发震源。8.16kg（18 磅）铁锤的激发能量在这 4 种重量的锤击震源中是最强的，但由于大锤重量过大后，一部分围岩被砸碎或变形，锤击能量被岩石吸收，致使能量衰减较快，而且大锤重量过大时，人工挥动大锤进行锤击比较费力；当减小大锤重量时，激发能量随之降低。因此，选取 4.54kg（10 磅）的大锤敲击完整岩壁激发震源，实践证明选取 4.54kg（10 磅）的大锤激发震源的效果良好。

7.2.2　减少干扰噪声

TRT6000 超前地质预报系统采用锤击震源激发弹性波，相对于 TSP 等超前地质预报设备采用炸药震源，激发的弹性波能量相对较小，要求传感器要有较高的灵敏度。隧洞施工现场通常有多种施工设备正在运行，即可能产生不同的干扰噪声，为了减少干扰噪声的产生，在地震波数据采集过程中，尽量停止隧洞内的施工活动，特别是风钻、搅拌机等引起的强烈的弹性波干扰噪声。

7.3　布置参数的优化

7.3.1　最小偏移距

最小偏移距指的是检波点到最近震源的距离，最小偏移距的设计不同于地面地震勘探，即要接收到 P 波（纵波）也要接收到 S

波（横波）。因此，在纵波有效接收的基础上，要激发接收能量足够强的、具有一定分辨能力的转换横波，而转换横波的产生只有当P波为非法线入射时，且只有当入射角大于一定角度时，才有足够强的转换横波产生，这就是所谓的横波时窗。

偏移距是一个比较重要的参数，如果参数选择合适了，可以尽量减少引入其他干扰信号（如面波、声波、震源干扰等），如果参数选择太小，容易受到震源干扰，另外会使面波等一些干扰信号比较发育；如果参数选择太大，会削弱反射波能量，从而影响数据质量。使用中，需根据实际情况开展测试，最小偏移距一般取 10～20m。

震源点距离传感器近，由于直达波能量较大，反射信号强，对低阻抗信号有压制作用，保持一定间距后，低阻抗效果明显。由于探测采空区、软弱带等不良地质构造，更多关注低阻抗异常，震源与检波器保持 15～20m 之间。

7.3.2 震源间距

选择震源间距应以在地震记录上能可靠地辨认同一有效波的相同相位为原则。能否可靠辨认同一相位，主要决定于地震相邻震源所产生的有效波到达检波器的时间差 Δt，所记录有效波的视周期及其他波对有效波的干扰程度。如果有效波在地层记录上的视周期为 T，那么震源间距 Δx 选择的基本原则应使时间 Δt 小于视周期 T 的一半，即 $\Delta t < T/2$。这样便能可靠地辨认有效波的相同相位。反之，如果 $\Delta t > T/2$，则有可能造成相位对比错误，即有可能把不同的相位错认了。

考虑地震有效波视速度，通常把震源间距最大限度定为 $\max(\Delta x) = v \dfrac{T}{2}$［式中：$\max(\Delta x)$ 为最大震源间距；v 为地震波视速度；T 为视周期］。

因此，在勘探中对震源间距的选择应该满足以上要求，抑制空间假频的出现，震源间距选择越小越好。

在实际勘探中，震源间距也是一个比较重要的参数，由于隧洞的特殊环境限定，如果参数选择太小，会增大误差，遗漏一些信息；如果参数选择太大，除会影响接收能量外，还会产生空间假频，需要结合隧洞开挖、岩石性质等具体情况加以确定。

本书选取震源间距为 2.0m 进行测试，实践表明震源间距为 2.0m 时获取的地震波数据质量良好。

7.4　资料解译的优化

隧洞超前地质预报工作不是单纯的物探工作，而是物探工作与地质工作相结合的一项综合工作。坚持用"以地质为基础"进行隧洞施工超前地质预报的基本原则，TRT6000 三维成像图的成果资料解译要以前期地质勘察资料为基础，依据钻孔岩芯编录、孔内压（注）水试验成果、钻孔声波等资料，研究区域地质资料与隧洞的地质测绘剖面图，结合隧洞内掌子面地质编录资料，由地质和物探人员共同参与 TRT6000 三维成像图的资料解译工作，且地质和物探人员均应具备相当丰富的工程经验。形成了地质分析法与物探法相结合的地质物探综合分析法，可以大大提高超前地质预报的准确率。

第8章 结论及存在问题

8.1 结　　论

本书以牛栏江—滇池补水工程为依托，累计在牛栏江—滇池补水工程的输水隧洞以及相关工程进行超前地质预报 350 次，累计预报里程 51.1km，取得了很好的应用效果。在大量的 TRT6000 超前地质预报系统应用的前提下，通过总结、对比和分析，可以得出如下结论：

（1）实践证明应用 TRT6000 超前地质预报系统在牛栏江—滇池补水工程输水隧洞进行超前地质预报是成功的。

（2）通过大量的现场测试，总结出牛栏江—滇池补水工程中不同不良地质体的图像特征有：

1）地下水图像特征。若岩体内节理裂隙不发育，则反射带内正负发射面均较少，正负反射面相间分布，以负反射面为主，反射面连续性较差；若岩体内节理裂隙发育，则反射带内正负发射面均较多，正负反射面相间分布，以负反射面为主，反射面连续性较好。

2）空腔图像特征。对于规模较小的岩溶空腔，TRT6000 扫描图像上无法识别空腔，但通常情况下，其周围岩体破碎，以溶蚀破碎带的形式存在，图像上表现为反射带内正负反射面较多，以负反射面为主，反射面连续性差，分布不规则。

对于规模较小的采空区，TRT6000 扫描图像上无法识别空腔，图像上通常无反应。

对于规模较大的岩溶空腔或采空区，岩溶空腔或采空区之前存在一个较连续的负反射面，空腔范围内正负反射面少，不规则分布，不连续分布。

3）断层破碎带图像特征。对于与隧洞线大角度相交的断层破碎带，图像反应较明显，反身带内正、负反射多且杂乱，具有一定的连续性，断层前段反射带内以负反射为主，断层后段反射带内以正反射为主，由于断层及破碎带与两侧岩体存在十分明显的密度和速度差异，因而是较强的波阻抗界面。

对于与隧洞线小角度相交断层破碎带，图像反应较差，通常需根据断层两侧图像的差异，并结合具体地质情况综合判断，才能比较准确的进行解译。

（3）通过大量现场测试，掌握了 TRT6000 进行超前地质预报过程中对预报精度产生影响的因素，并对其进行改进和优化，提高了超前地质预报的效率和精度。

（4）通过不断探索与调整思路，提升了采用 TRT6000 进行隧洞超前地质预报的准确率，减少了重大地质灾害的发生，取得了突出的经济效益和社会效益。

8.2　存在问题

TRT6000 超前地质预报技术虽然具有其他物探方法难以企及的优越性，但依然存在诸多问题。

（1）在介质条件差的地区进行超前地质预报，震源能量衰减较快，能量不足，探测距离及探测精度受限。

（2）对地下水的水压和水量无解。

（3）TRT6000 超前地质预报系统要在三维空间内布置传感器，在断面尺寸较大的隧洞内进行超前地质预报时，必须使用升降设备将传感器安装在隧洞的拱顶、拱腰位置，而且必须测量坐标，这给预报作业增加了一定的难度。

（4）TRT6000 超前地质预报系统采用锤击震源激发地震波，

要求传感器灵敏度高以便更好地接受地震波信号，但传感器接收到外界干扰噪声的能量与采集信号的灵敏度高低是成正比的，如何消除干扰是有待解决的问题。

（5）TRT6000 超前地质预报系统数据处理流程复杂，数据预处理涉及多个 EXCEL 表格文档的数据转换与计算，计算主程序操作较繁琐，处理流程没有连贯性，步骤较多。且操作过程中可视化程度低，易造成人为操作失误，且查错难度较大。

（6）TRT6000 超前地质预报系统资料解释较简单，最终处理成果只有三维图像，没有隧洞分段波速、波阻抗等定量参数。

（7）通过改变震源频率的方式，可提高超前地质预报的识别率，识别出更小的地质体，带来的不足是预报距离明显缩短。

（8）当隧洞洞径小于 3m 时，TRT6000 超前地质预报系统的预报准确率较低。

参 考 文 献

[1] 陶忠平，王建林，米健，等 . TRT6000 隧道超前地质预报系统在牛栏江—滇池补水工程中的应用 [J] . 资源环境与工程，2010，24 (5)：522 - 526.

[2] 全再永，田毅 . 牛栏江——滇池补水工程初步设计报告 [R] . 中国电建集团昆明勘测设计研究院有限公司，云南省水利水电勘测设计研究院 . 2008.

[3] 铁路隧道超前地质预报技术指南 [S] . 北京：中国铁道出版社，2008.

[4] GB 50487—2008. 水利水电工程地质勘察规范 [S] . 北京：中国计划出版社，2008.

[5] 翟会超，闫满志，刘万富，等 . TRT6000 系统在田兴铁矿井巷掘砌施工中的应用研究 [J] . 中国矿业，2013，22 (4)：70 - 71.

[6] 褚军凯，霍俊发 . TRT 层析扫描超前预报系统在深部开拓中的应用 [J] . 金属矿山，2011 (增刊)：144 - 148.

[7] 褚军凯，霍俊发，张福宏，等 . TRT 层析扫描超前预报系统在西门铁矿深部开拓中的应用 [J] . 现代矿业，2011 (512)：32 - 35.

[8] 闫高翔 . TRT 层析扫描成像预报系统的应用 [J] . 铁道勘察，2009 (2)：40 - 43.

[9] 付水法，郭素芝 . TRT 地质超前预报技术的研究应用 [J] . 金属材料与冶金工程，2012 (40)：80 - 84.

[10] 陈刚毅 . TRT 地质超前预报技术及其在三峡翻坝高速公路中的应用 [J] . 资源环境与工程，2009，23 (3)：304 - 307.

[11] 孙天学，郝进喜，牛军新，等 . TRT 及钻探综合地质超前预报技术在某矿山的应用 [J] . 工程地球物理学报，2013，10 (1)：123 - 126.

[12] 刘新，廖建 . TRT 技术在佛滩公路隧道中的应用 [J] . 甘肃水利水电技术，2013，49 (1)：36 - 45.

[13] 刘杰，廖春木 . TRT 技术在隧道地质超前预报中的应用 [J] . 铁道建筑，2011 (4)：77 - 79.

[14] 刘玉山，陈建平 . TRT 技术在乌池坝隧道超前预报中的应用 [J] . 铁道建筑，2008 (9)：59 - 61.

[15]   利奕年，王国斌．TRT 隧道地质超前预报系统的改进与优化［J］．
        现代隧道技术，2009，46（增刊 1）：24 - 27.

[16]   陈亮．TRT 与快速钻探技术在高速公路岩溶隧道地质预报中的应用
        ［J］．施工技术，2011，40（350）：90 - 92.

[17]   王国斌，利奕年．TRT 在山区岩溶隧道地质超前预报中的应用［J］.
        温州大学学报自然科学版，2010，31（增刊 1）：74 - 79.

[18]   王明华，王国斌，利奕年．TRT 在岩溶隧道地质超前预报中的应用
        研究［J］．水资源与水工程学报，2010，21（5）：40 - 46.

[19]   刘勇锋，马海涛．地震波真反射层析成像超前预报布置参数优化
        ［J］．中国安全生产科学技术，2013，9（2）：29 - 34.

[20]   孙天学，文孝贵，刘宝川．浅谈 TRT 及钻探综合地质超前预报技术
        在矿山的应用［J］．地质装备，2013，14（1）：37 - 40.

[21]   赵永贵．隧道围岩含水性预报技术［J］．地球与环境，2005，33
        （3）：29 - 35.

[22]   杜明玉，吕乔森，郭宇，等．TSP 与 TRT 技术在隧道施工地质预报
        中的应用［J］．人民长江，2012，43（21）：52 - 69.

[23]   肖启航，谢朝娟．TST 技术在岩溶地区隧道超前预报中的应用［J］.
        岩土力学，2012，33（5）：1416 - 1420.

[24]   张平松，吴健生．中国隧道及井巷地震波法超前探测技术研究分析
        ［J］．地球科学进展，2006，21（10）：1033 - 1038.

[25]   刘玉山，陈建平．地质层析超前报警技术及其在隧道超前预报中的
        应用［J］．现代城市轨道交通，2008（4）：36 - 38.

[26]   赵永贵．国内外隧道超前预报技术评析与推介［J］．地球物理学进
        展，2007，22（4）：1344 - 1352.

[27]   张兵强，桂刚，韩玉涛，等．米溪梁隧道特殊地质环境下综合超前
        预报研究［J］．西安科技大学学报，2012，32（3）：331 - 336.

[28]   徐善初，陈建平，左昌群，等．模糊综合评判法在隧道施工岩溶预
        报中的应用［J］．现代隧道技术，2011，48（5）：76 - 81.

[29]   钟宏伟，赵凌．我国隧道工程超前预报技术现状分析［J］．人民长
        江，2004，35（9）：15 - 17.

[30]   赵永贵，刘浩，孙宇，等．隧道地质超前预报研究进展［J］．地球
        物理学进展，2003，18（3）：460 - 464.

[31]   李磊，陈光荣，杨燕伟，等．基于 TRT6000 弹性波反射法、地质雷
        达法、地质编录的隧道综合超前预报技术研究［J］．西北水电，

2011（增刊）：91－96.

[32]　赵永贵，刘浩，孙宇，等．隧道超前预报与病害诊断技术［C］∥中国公路学会 2003 年学术年会论文集隧道工程篇，2003：282－288.

[33]　中国水利电力物探科技信息网．工程物探手册［M］．北京：中国水利水电出版社，2011.

[34]　张玉芬．反射波地震勘探原理和资料解释［M］．北京：地质出版社，2007.

[35]　姚姚．地震波声与地震勘探［M］．北京：地质出版社，2006.

[36]　李苍松．岩溶及地下水超前预报技术［M］．成都：西南交通大学出版社，2013.

[37]　刘志刚．隧道隧洞超前预报［M］．北京：人民交通出版社，2011.

[38]　齐甦．隧洞地质超前预报技术与应用［M］．北京：气象出版社，2010.